경남산문선 101

윤 미 향
수 필 집

몽돌의 시간

돌선 **경남**

| **작가의 말** |

 행성은 스스로 빛을 내지 못한다. 밝은 별에서 달려온 빛이 몸에 닿아 반사되었을 때 비로소 존재를 드러낼 수 있다. 먼지처럼 부유하던 떠돌이 행성이 수필이라는 큰 별을 만난 것은 기적이었다. 방황을 멈추고 붙박이별의 공전 궤도에 드는 꿈을 꾸기 시작했다.

 중력권에 든다는 것은 자신을 뛰어넘어 환골탈태하는 것. 파인 곳은 메우고 튀어나온 곳은 깎아내며 크고 둥근 별로 거듭나는 것이다. 지구만큼 파랗고 아름다워지는 일이다. 하지만 질량은 반드시 부피에 비례하지 않는다. 허섭스레기로 치장한 몸은 끝내 힘이 실리지 않아 번번이 궤도 진입에 실패했다.

 뒤돌아서지도 앞으로 나가지도 않는 무중력의 시간이 흐르고 있다. 걷지 않아도 시간은 흐르고 덩달아 내 안의 갈망도 얼굴을 바꾸어가며 살았다 죽었다 한다. 삶이 나를 찾아가는 과정이라면 그 길 끝에서 묵직하게 빛나고 있는 자신을 만날 확률은 낮을 수밖에 없다. 한사코 무거움보다 가벼움에 방점을 찍는 탓이다. 그렇다면 극복할 대상은 질량이 아니라 질량의 크기를 인정하는 것.

오랫동안 책 발간을 미룬 것은 질량의 크기를 끝내 인정하기 싫어서였을 테다. 함량 미달인 글을 엮는 것이야말로 확실한 인정이 될 테니 말이다. 하지만 모난 돌이 몽돌이 되는 시간이 흐른다 해도 손은 감성을 끝내 뜻대로 반영하지 못할 것이다. 냄비 받침이 되어도, 쓰레기를 함부로 버렸다고 욕을 먹어도 이제 어쩔 수 없다.

길고 길었던 무중력의 시간을 계량해 본다. 곁에 두고 좋아하는 것의 역사는 묵직함과는 별개의 결과로 또 다른 무게를 갖는 듯하다. 질량이 아닌 시간에 비중을 두면 절대 가볍지 않은 무게일 테다. 마음에 품지 않았다면 결코 머물 수 없는 시간이다.

담백한 눈빛으로 가만히 오래 바라보는 것이 사랑일 때가 있다. 수필은 그런 존재면 족하지 않을까. 게으른 사람에게도 시간은 그냥 흐르지 않는 것 같아 더욱 고마울 뿐이다.

차
례

작가의 말 • 2

PART 1

**몽돌의
시간**

감자칼 • 10

아버지의 외투 • 15

몽돌의 시간 • 19

마음이 깃들다 • 22

공간의 역설 • 26

말줄임표 • 30

선물 • 34

자기 늪 • 38

밥 짓기 • 42

그녀의 집 • 46

오성사 • 51

팝아트를 보고 • 55

PART 2	까마중 • 60
	공평하다 • 64
반사적	낙타풀 • 68
광영	길 • 72
	어떤 꿈 • 76
	남자의 도시 • 80
	꿀 도둑 • 84
	빵 고르기 • 88
	오전 일곱 시 • 92
	된장국 • 96
	균형 잃다 • 100
	반사적 광영 • 104

PART 3	쇳대를 찾아서 • 110
	순례 • 114
껌	발매트 이야기 • 118
드릴까예	껌 드릴까예 • 122
	그림 두 점 • 126
	오빠 • 130
	오동동 들깨 칼국수 • 134
	예순과 일흔 • 138
	미더덕 • 142
	우리 동네 개와 고양이 • 146
	일곱 살의 눈물 • 150
	알고리즘의 습격 • 155

PART 4	똥비누 • 160
	착하다 • 165
마음	마음 지우개 • 169
지우개	둘째 딸 • 173
	어르신 • 177
	하루살이처럼 • 181
	터미널에서 • 185
	강낭콩 • 189
	실개천 백로 • 193
	나태 지옥 • 198
	손안의 세상 • 202
	목련꽃 편지 • 206

평설 | 윤미향론 **허숙영** • 212

PART 1

몽돌의 시간

감자 칼 • 아버지의 외투 • 몽돌의 시간 • 마음이 깃들다 • 공간의 역설
말줄임표 • 선물 • 자기 늪 • 밥 짓기 • 그녀의 집 • 오성사 • 팝아트를 보고

감자칼

 서랍에서 낡은 감자칼을 꺼낸다. 새것이 두 개나 더 있다. 그래도 손에 잡히는 것은 언제나 헌것이다. 빛은 잃었지만 행색은 여전히 반듯하다. 오일장에 갔다가 온갖 잡동사니가 널려 있는 난전에서 용케 발견했다. 칼도 나도 반짝반짝 윤이 나던 시절이었다. 이제 저도 낡고 나도 늙었다.
 사각사각. 투박한 껍질이 뽀얀 살에서 분리되기 시작한다. 또각또각. 길쭉하게 홈이 난 칼날이 감자를 내려칠 때마다 신음한다. 소리가 겹치니 난생처음 듣는 의성어다. 귀를 모은다. 섬세해진 청각이 조금씩 소리를 분별하기 시작한다. 감자는 감자대로 칼은 칼대로 사각사각 또각또각. 제각각 부르고 있는 삶의 노래가 경쾌하면서도 애달다. 같은 무게라도 짊어진 느낌은 저마다 다를 것이다.

  칼은 무딘 듯 날카롭다. 무딤과 날카로움이 공존하지 않으면 껍질은 얇고 고르지 못할 것이다. 어떤 장인이 포를 뜬들 이처럼 날렵하고 매끈할 수 있을까. 무심히 삐지는데도 두께가 한결같다. 생감자는 껍질과 살의 경계가 모호하다. 껍질에 붙으면 껍질, 살에 붙으면 살이니 운명은 칼에 달렸다. 새 칼이었다면 마냥 날카롭기만 해서 도량 없이 멀쩡한 살을 뭉텅뭉텅 잘라버렸을 것이다. 재주만 있고 덕은 없어서다.

  날카로움의 목적은 베는 데 있다. 끝을 보는 것이다. 차갑지 않으면 꿈을 이룰 수 없다. 주저 없이 감자를 내리쳐야 한다. 하지만 방점이 목적에 찍히면 과정은 희생될 수밖에 없다. 살의 손실이 불가피하다. 정상만 바라보며 서둘러 걷다 보면 나무를 보지 못하고 바람과 새의 노래를 들을 수 없다. 단숨에 벤다는 것은 분명 능력이지만 지나치게 벼린 날은 성과뿐만 아니라 깊은 상처도 함께 남길 것이다.

  무딤은 과정이다, 망설임이다. 자신의 부능을 알기에 앞으로 나가는 것을 주저한다. 자르는 것도 문제지만 어떻게 자르는가는 더 복잡한 과제일 것이다. 혹여 감자 살을 낭비하지 않을까. 껍질이 들쑥날쑥 고르지 못하면 어쩌나. 주제넘게 능력 밖의 일을 탐내는 것은 아닌지. 하지만 무딤에 길들면 자신이 멈춰 있다는 사실을 깨닫지 못한다. 무뎌도 칼은칼이고 베는 게 운명이다. 앞으로 나가지 않으면 썩은 감자 한 알도 끝내 도려내지 못할 것이다.

낡은 감자 칼은 지금 날카로움과 무딤의 경계에 있다. 무딘 듯 날카로운 게 아니라 적당히 날카롭고 적당히 무디다. '적당히'라는 말은 얼핏 대충이나 어중간 또는 불확실처럼 애매하다. 결과가 이래도 그만 저래도 그만인 듯하다. 하지만 '네가 적당히 알아서 해라'는 말을 들으면 바짝 긴장하게 된다. 더도 말고 덜도 말고 딱 적당하기가 말처럼 쉽지 않기 때문이다. '적당히'라는 최상의 결과를 도출하려면 오랜 시간에 걸쳐 체득한 경험치가 쌓여야 가능하다.

칼이 춤을 춘다. 나는 그다지 애쓰지 않는데 저 혼자 척척 감자 껍질을 벗겨내는 솜씨가 여간 아니다. 껍질의 두께와 길이가 한결같이 고르니 예술이 따로 없다. 무딤은 날카로움의 오만을 다스리고 날카로움은 무딤의 서툶을 격려한다. 능력을 함부로 휘두르지 않고 단점을 장점으로 끌어올리고 있다. 재주가 높으면 자만하기 쉽고 겸손이 지나치면 안주하기 쉬울 테다. 칼은 비로소 넘치지도 모자라지도 않는 적당함의 경계를 찾은 듯하다. 경지에 오른 것이다.

감자칼은 보통 나뭇가지로 만든 새총 모양새다. 알파벳 Y자를 닮기도 했다. 하지만 지금 쓰고 있는 이 칼은 드문 일자 모양이다. 칫솔 길이쯤으로 절반은 손잡이고 나머지는 칼날이다. 새총을 닮은 칼은 위로도 밀고 아래로도 밀 수 있는 대신 손목이 약간 비틀린다. 일자 칼은 위로는 안 되고 아래쪽으로만 밀 수 있는데 손목이 꺾이지 않아 편하다. 힘의 세기를 조절하기 쉽고 간편해서 만만하게 사용된다. 생김새가 쓰임을 높여 고수가 되는 데 한몫하고 있다. 날카롭거나 무디기만 하면 마뜩잖아 손이 잘 가지 않는데 적당히 날카롭고 적당히 무디니 정년이 지나서도 이곳저곳 불려 다니기 바쁜 숨은 일꾼이다.

미련하게 높이 오르는 것만이 최선인 줄 알았다. 중간을 향해 위에서는 아래로 내려가고 아래에서는 위로 오를 수도 있음을 깨닫는다. 어쩌면 정상에 닿기보다 중간지점을 찾는 게 더 어려울지 모른다. 지나치거나 모자라지 않기가 말처럼 쉽지 않은 것이다. 똑같이 출발했는데 칼은 곧 도착하겠고 나는 아직 갈 길이 멀다. 안타깝게도 칼의 시간과 나의 시간이 다르게 흐르고 있다.

아버지의 외투

 리어카 한 대가 대문 앞에 멈춘다. 마침내 그날이다. 엄마는 말없이 가마솥과 맷돌을 싣는다. 독한 빚쟁이들도 쇠붙이 들어내는 것을 선뜻 막아서지 못한다. 일가족의 목숨이 가마솥과 맷돌 하나에 달렸기 때문이다. 낡은 이불과 옷가지를 간추리던 엄마가 보따리 하나를 얼른 이불 속에 숨긴다. 아버지의 검정색 겨울 외투다.

 막냇동생이 앓아눕자 엄마는 하루하루 말수가 줄기 시작했다. 아버지가 사라진 후에는 필요한 말조차 거의 하지 않았다. 동네 사람들은 아버지가 죽으려고 가출했다고 수군거렸다. 나는 돌아오지 않는 아버지보다 엄마의 침묵을 해독할 수 없어 더 애가 탔다. 잠시라도 눈에 띄지 않으면 엄마마저 우릴 버린 게 아닌가 싶어 가슴이 철렁했다.

　불과 서너 달 사이였다. 막내가 알 수 없는 병으로 자리에 눕고 삶의 끈마저 서둘러 놓은 것은. 아버지의 사업 실패로 하루가 멀다 하고 빚쟁이들이 몰려와 우리 집은 이미 지옥이나 다름없었다. 불행이 그리 쉽게 겹쳐 일어날 줄 꿈엔들 짐작이나 했을까. 한꺼번에 몰아닥친 폭풍을 견디지 못하고 아버지는 끝내 무릎을 꿇고 말았다.

　아버지가 아픈 막내 옆에 나란히 누워 있었던 시간은 딱 열흘이었다. 열흘 밤낮 아랫목 벽만 바라보다가 쇠약할 대로 쇠약해진 몸을 이끌고 어느 날 아무도 모르게 홀연히 사라져버렸다. 백태가 끼어 눈이 석고상처럼 흰자위뿐인 어린 자식을 두고 아버지는 어떻게 가족과 집을 등질 수 있었던 것일까. 천국에서 만나자 했을까. 부디 건강하라고 기도했을까. 아버지의 절망과 기도를 막내는 조금이나마 눈치채고 떠난 것일까….

　동생의 시신은 아버지 대신 이웃 아저씨들이 거두었다. 엄마는 울음소리조차 안으로 삼켰다. 더는 남은 고통도 없다는 듯 넋이 빠진 채 맷돌을 씻고 가마솥을 헹궜다. 맷돌에 간 콩물을 가마솥에 끓여 뽀얗게 두부를 빚어 놓으면 이웃 사람들은 엄마를 부르지 않고 알아서 한 모, 두 모 건져갔다. 해가 지면 부뚜막에는 동전이 한 움큼 얹혀 있고 두부가 담겨 있던 대야에는 말간 물만 덩그러니 남아 있었다.

사람들 말처럼 아버지는 정말 죽기 위해 집을 나섰는지 모른다. 그 말이 사실이라면 엄마의 두부 만들기는 남아 있는 자식들을 차마 굶길 수 없어 벌인 궁여지책일 뿐 어떻게든 살아보겠다는 의지의 표현은 아닐 것이다. 끝내 아버지가 돌아오지 않아 지옥 같은 생활이 계속된다면 엄마마저 우리를 버리지 않는다고 누가 장담할 수 있을까.

빚쟁이들은 아버지를 기다려주지 않았다. 변두리에 좁은 단칸방 하나 얻어 가족들을 나앉게 한 뒤 땅이며 집, 세간들을 모두 모아 서둘러 빚잔치를 벌였다. 아버지가 손수 지은 집에서 쫓겨난다는 것은 불행이 닥친 이후 막연히 상상만 하고 있던 고통이 비로소 시작됨을 의미했다. 엄마가 더 이상 버티지 못하면 우리 남매들은 걱정했던 대로 고아원이나 친척 집으로 보내져 사고무친이 되고 말 운명이었다.

일곱 식구의 생애가 달랑 리어카 한 대에 꾸려졌다. 가마솥과 맷돌, 낡은 이불과 옷가지 그리고 아버지의 까만 겨울 외투까지. 목숨 부지하는데 필요한 최소한의 허름한 짐 속에 번듯한 외투라니 어울리지 않는다. 그래도 상관없다. 아버지 외투인 것을 확인하는 순간 나는 비로소 엄마의 오랜 침묵을 해독한 것 같아 가슴이 후련하다. 엄마가 주인 없는 외투를 챙긴다는 것은 언젠가는 아버지가 돌아온다는 뜻이고 더불어 우리 남매들 역시 절대 버리지 않는다는 것을 의미하기 때문이다.

외투는 삼 년 뒤 아버지가 돌아올 때까지 비좁은 방 한편에 고이 모셔져 있었다. 엄마가 그 옷을 챙기지 않았다면 그래서 아버지가 돌아와 고통과 절망의 시간을 보상해 주리라는 희망을 품지 못했다면 나는 결코 춥고 어두운 터널을 쉽게 빠져나오지 못했을 것이다. 엄마의 고단함이 눈에 밟힐 때마다 강둑에 앉아 하염없이 아버지를 기다리던 어린 소녀를 기억한다. 아버지의 까만 겨울 외투를 생각한다.

몽돌의 시간

 파도 소리가 자갈자갈 한다. 길게 늘어선 해변에는 온통 몽돌뿐이다. 검은 돌들이 파도에 의지해 구르고 또 구른다. 동글동글 둥글둥글. 아무리 둘러봐도 동그라미 세상이다. 각이 없다. 서둘러 신발을 벗어들고 몽돌밭에 들어선다. 걸음을 내디딜 때마다 몸이 움찔한다. 깎고 깎이던 돌들의 고통이 발바닥에 전이된 듯 절로 신음이 난다.
 모가 나면 무릇 깨지기 십상이다. 모는 또다시 모를 만든다. 골짜기를 벗어난 돌들은 바다에 이르기까지 수없이 부서지고 깨졌으리라. 내가 만든 날에 내가 찔려보지 않았다면 영원히 몰랐을 것이다. 문제는 세상이 아니라 나 사신이라는 것. 나를 이기지 못하면 그 무엇도 뛰어넘을 수 없다는 것을. 허위뿐인 껍데기는 모두 걷어내고 단단한 알맹이로 거듭난 몽돌을 바라본다. 파도가 밀려왔다 소리 없이 밀려간다.

  바위의 꿈은 본디 항하사 아니었을까. 한 개로 남느니 갠지스강의 모래로 무한 무수가 되는 것. 하나에서 수많은 낱개로 거듭난다는 것은 어떤 의미일까. 위대해지는 것인가 아니면 어리석은 짓인가. 고통일까 행복일까. 아무려나 바위는 돌이 되고 돌은 지금 몽돌의 시간이다. 겁이 흐르면 천 개 만 개로 불가사의 모래가 될 것이다. 돌들은 애써 고통의 시간을 기억해내며 안온함에 길든 나를 호되게 책망하는 듯하다.

  타고난 게으름은 나도 어쩔 수 없었다. 마음과 달리 몸은 늘 굼떠서 남들 뒤따라 하기에도 마냥 숨이 찼다. 아침잠을 이길 수 없어 게으름 피우는 데 방해가 되는 규칙 따위는 아예 세우지 않았다. 느린 걸음으로 빠른 사람들과 경쟁하는 것은 어리석고 무의미하다고 생각했다. 계곡에 깔린 돌덩이면 어떻고 아무도 찾는 이 없는 깊은 산속 외로운 바위면 어떠랴. 경쟁하면서 깨지고 부서지느니 스스로 패배주의자가 되어 알량하고 초라한 삶에 적당히 안주하고자 했다.

  남을 이기기보다 자신을 넘어서기가 훨씬 어려운 법이다. 게으르고 무능한 자신을 이길 수 있다면 세상에 넘지 못할 벽은 아마 없을 것이다. 아침잠을 극복했다면 하루하루 우등생이 되어 원하던 꿈을 절반이나마 이루지 않았을까. 해보다 먼저 일어나 긴 빗자루를 들고 골목 어둠을 말끔히 쓸어냈으리라. 가족들에게 부지런한 아내나 엄마 소리 듣는 것보다 자랑스러운 일도 없을 테다. 날마다 가슴 벅차게 떠오르는 해를 바라보며 느슨해진 자신을 여미고 또 여몄으리라.

  바다를 끼고 앉은 아스팔트 길을 풍경에서 지워본다. 해변에 죽 늘어서 있는 횟집, 펜션도 차례차례 걷어낸다. 인공적인 주변 설치물마저 모두 지워버리니 비로소 원시 바다. 바닷가에는 아직 자신을 다 이기지 못한 날 선 돌들이 가득 쌓여 있다. 파도가 서서히 밀려오기 시작한다. 멀고 먼 여정 앞에 돌들의 표정이 비장하다.

  타닥타닥. 삭막했던 가슴에 조그만 불씨 하나 옮겨붙는다. 나를 버려 또 다른 내가 되는 인고의 길. 슬그머니 바위 곁으로 다가가 느슨했던 허리춤을 추슬러 본다. 조심조심 한발 앞으로 내디뎌본다.

마음이 깃들다

 깃든다는 표현에는 시간의 축적이 배어 있다. 어둠이 깃들다, 봄기운이 깃들다, 정성이 깃들다, 미소가 깃들다…. 지금 당장 그러하다는 뜻이지만 문장에는 시간성이 담겨 있다. 어둠은 한순간 변한 게 아니라 서서히 찾아든 결과다. 봄기운도 날마다 조금씩 스며든 것이고 정성에서도 애를 쓴 시간의 반복이 느껴진다. 미소 역시 한 방에 터지는 호탕한 웃음과 달리 입가에 천천히 번지기에 깃들다가 제격이다.
 아주 가끔 미용실에 간다. 머리 모양도 층도 서툰 표가 나는지 미용사마다 고개를 갸우뚱한다. 평소 커트를 직접

하는 편이다. 기술이 없다 보니 가끔은 전문가의 손길이 필요하다고 묻기 전에 고백한다. 그러면 대뜸 자른 과정을 묻지 않고 어떤 가위를 사용했냐고 반문한다. 미용용 가위를 따로 장만한 적은 없다고, 그냥 가정용 가위로 대충 자른다고 얼버무리면 어이없다는 듯 혀를 찬다. 그래도 아추어 솜씨치곤 봐줄 만하다며 억지 칭찬 한마디씩 꼭 덧붙인다.

번쩍번쩍 윤이 나는 각종 가위를 자랑처럼 앞치마에 가지런히 두르고 있는 전문가에게 다이소 같은 곳에서 천 원이면 살 수 있는 싸구려 막가위를 보여주면 기절할지 모른다. 낡고 오래되기로도 내 집 가위 중 서열 1위다. 종이도 오리고 천도 자르고 옷자락에 삐져나온 실밥을 떼는 등 집 안에서 두서없이 마구 사용하던 것이다. 새 가위가 몇 개 더 생기면서부터 비로소 머리 전용으로 격상해 화장대 빗통에 보란 듯이 꽂힌 지도 몇 해 되었다.

마음은 무언가에 작용해 변화를 일으키는 힘이라 했던가. 정성과 미소가 깃들듯 어느 사이 가위에도 내 마음이 깃든 것일까. 낡고 볼품없는 가위가 다른 물건 자를 때는 잘도 삐끗하는데 어찌 된 일인지 머리 커트할 때는 전문가용 못지않게 거침없으니 말이다. 앞머리는 물론 잘 보이지 않는 뒷머리까지 깔끔하게 처리해내는 솜씨가 여간 아니다. 요만큼 이렇게 자르고 싶다고 생각만 하면 가위는 꼭 그만큼 능숙하게 보란 듯이 잘라낸다. 새로워지고 예뻐지고 싶은 내 마음이 오랜 시간을 거쳐 손을 통해 가위 깊숙이 전이된 것만 같다.

  십 년 넘게 타고 있는 자동차가 있다. 내게 처음 왔을 때는 핸들을 조금만 꺾어도 방향이 확 틀어져 순간 놀라곤 했다. 가속페달 역시 살짝 밟은 것 같은데도 급발진하듯 쌩하고 튀어 나가 가슴이 철렁했다. 햇빛 쨍쨍한 날 실수로 와이퍼를 건드려 민망했던 적도 한두 번이 아니다. 시동 거는 거며 기어 변경과 에어컨 조작 등 운전에 필요한 모든 기능이 내 마음 같지 않아 남의 옷을 입은 듯 불편하고 거북했다.

  지금은 모든 기능이 수족처럼 편하다. 운전이 시작되면 손과 발은 차 일부라도 된 듯 자동으로 반응한다. 굳이 머리로 인지하지 않아도 알아서 핸들을 조절하고 브레이크와 가속페달을 밟는다. 눈은 전방을 주시하고 손은 기어를 변경하며 라디오까지 켠다. 내 몸같이 마음같이 자연스럽게 흐르는 느낌이다. 애써 신경 쓰지 않는데도 커다란 자동차가 마음 따라 움직이니 기적이 아닐 수 없다. 반복이라는 관성이 붙으면 영혼 없는 기계에도 익숙한 사람에게 맞추려는 의지가 깃드는 것일까.

 가위가 닿기 전과 후의 형태는 크게 다르다. 원래 용도에서 벗어나 아예 다른 물건이 되기도 한다. 자동차가 없었던 시절과 흔하디흔해진 요즘의 생활 모습에도 큰 차이가 있다. 눈에 보이지 않는 것까지 포함하면 자동차로 인한 생활의 변화는 상상할 수 없을 만큼 클 것이다. 가위와 자동차는 사람 손에 의지해 사용되는 것이지만 손만으로는 결코 일으킬 수 없는 변화가 생기는 것 또한 자명하다.

 나 아닌 누구를 만나도 가위는 자르고 자동차는 굴러간다. 하지만 어떤 마음을 만나는가에 따라 변화의 정도는 다를 것이다. 그 정도가 클 수도 있고 또는 미세해서 눈에 잘 띄지 않을 수도 있겠다. 때론 결과가 기대보다 못한 경우도 생길 것이다. 머리 아닌 다른 사물을 자를 때 낡은 가위가 삐걱거렸던 이유도 그 때문이 아닐까. 내 머리와 만나면 제 능력을 훌쩍 넘어서는 것 또한 같은 이유일 것이다. 시간이 흐르고 마음이 깃들면 무생물도 더는 무생물이 아닌 것 같다. 아주 오래된 친구 같다.

공간의 역설

참 신기한 일이다. 새로 이사한 집은 분명 전에 살던 집보다 여남은 평이나 작은데 오히려 더 넓게 느껴지니 말이다. 집은 물리적인 공간이다. 고무줄처럼 늘이거나 줄일 수 없다. 삼십 평은 삼십 평대만큼, 사십 평은 사십 평대만큼의 공간감을 느끼며 사는 게 마땅하다.

전에 살던 집에 처음 입주했을 때였다. 일단 가구들은 집 전체에 골고루 나누어 배치되었다. 거실에는 거실에 있을 법한 물건들로 채워졌고 각 방에도 용도에 어울리는 가구들로 보기 좋게 들앉았다. 그런데 하루 이틀 시간이 지나면서 아무래도 과하다 싶던 평수가 역시나 점점 거추장스러워지기 시작했다. 화장실이 양쪽 끝에 있어 오가기도 번거로웠고 책 한 권 꺼내러 구석방까지 들락거리는 일도 쉽지 않았다.

집은 시나브로 필요한 공간과 필요 없는 공간, 사용하는 공간과 여분의 공간으로 나뉘었다. 살림살이도 사용 빈도에 따라 자연스럽게 양쪽으로 분리되거나 두 개가 되었다. 안방에서 텔레비전을 보고 책도 읽고 밥까지 먹는 등 실제 사용하는 범위가 절반도 넘게 줄어든 것이다. 넓지만 좁게 사용하던 그 집을 벗어나 작지만 넓게 쓰고 있는 이 집에 와서야 깨달았다. 넓은 공간을 제대로 활용하지 못해 십여 년이 넘는 긴 시간을 오히려 누추하고 옹색하게 지냈다는 사실을.

새로 이사한 집은 이전 집보다 방도 하나 적고 나머지 공간들도 넓이가 조금씩 작은 편이다. 둘로 나뉘었던 살림은 비로소 하나가 되고 엉뚱한 곳에 놓였던 가구들도 자연스럽게 제자리를 되찾았다. 안방에 있던 텔레비전은 여느 집들처럼 거실에 놓이고 침대 옆에 놓여 있던 작은 책상과 책꽂이도 버려지거나 서재로 통합되었다. 거실과 부엌, 안방과 작은방 그리고 화장실에서 현관에 이르기까지, 몸 움직이기 싫어하는 게으른 나에게는 더하거나 뺄 것 없는 크기요 동선이다.

거실 중앙에서 사방으로 예닐곱 걸음 많아도 열 발짝이면 충분하다. 식탁에서 밥을 먹고 서재를 자주 들락거리고 안방에서는 이제 잠만 잔다. 침대가 아닌 소파에서 텔레비전을 보고 화장실도 두 개 중 가까운 곳 아무 데나 편리하게 이용한다. 공간은 분명 줄었는데 행동반경은 오히려 두 배 넘게 는 것 같다. 예전에 살던 집이 정녕 넓었던가 싶고 새로 이사한 집이 진정 작은 평수가 맞나 싶다.

나는 체구가 작은 편이다. 그래서인지 사물도 일단 큰 것보다는 작은 것에 관심이 간다. 집도 마찬가지다. 이 층보다는 단층이 좋고 대형보다는 아담한 집에 더 마음이 끌린다. 안이 훤히 들여다보이는 넓은 창보다 남쪽으로 난 작은 창이 운치 있고 아늑해서 좋다. 그런 내가 십여 년 전 좀 과하다 싶은 평수를 선택한 것은 판단착오가 아닐 수 없다.

우선 살던 집보다 한 단계 넓혀가는 것을 당연하게 여긴 듯싶다. 함께 사는 사람의 취향도 무시할 수 없었다. 나에게나 넓지 실제로는 보통 크기를 조금 웃도는 정도여서 한번쯤 살아보고 싶은 허영심도 발동했던 듯하다. 하지만 사는 일이 대개 그렇듯 집을 선택할 때 역시 조금은 냉정하고 이성적일 필요가 있지 않을까. 크고 넓고 많은 것보다 작고 좁고 적은 것이 더 편한 사람도 있으니 말이다.

집의 규모는 나이나 가족 수 또는 경제 수준 따위로 결정되는 편이다. 하지만 30평 정도면 4인 가족이 살기에 불편한 평수는 아닐 것이다. 형편이 좋다고 무조건 넓게 살 일도 아니고 어려운 형편에 무턱대고 남 따라 살 일도 아니다. 자신의 환경과 성향을 고려해 공간을 섬세하게 따져보고 그려본 뒤 선택해도 늦지 않을 것이다. 기계공학이 기계를 편리하게 진화시켰듯 집이라는 공간도 개인의 취향에 따라 합리적으로 접근할 필요가 있지 않을까.

넓혀 살기는 쉬워도 좁혀 살기는 어렵다는데 나는 오히려 집을 줄여 삶의 만족도가 올라갔다. 미처 모르고 있던 족쇄에서 풀려난 듯 그렇게 홀가분할 수가 없다. 어리석으면 넓어도 넓지 않고 지혜로우면 좁아도 좁지 않음을 깨닫는다. 예상치 못한 지점에서 만난 뜻밖의 행운이 내 삶을 더 여유롭고 풍요롭게 하는 것 같아 나날이 더 가볍고 자유로워지는 중이다.

말줄임표

 얼마나 버려야 점 여섯 개로 남을 수 있을까. 내 기억 속 어느 시간을 뒤져봐도 변변한 대목 하나 보이지 않는다. 모두 군더더기뿐이다. 작정하고 지우려 들면 눈곱만 한 의미조차 남지 않을 허세뿐인 문장들. 꼬깃꼬깃 구겨서 죄다 쓰레기통에 던져버리고 싶다.

 말줄임표는 문장 일부를 생략하거나 말 없음을 나타낼 때 사용한다. 말이 없다고 뜻마저 없는 것은 아니다. 점 여섯 개로 부피는 축소되지만 의미는 오히려 확장된다. 대화에서는 표정이 말을 대신하기도 하지만 글은 상대에게 표정을 보여줄 수 없다. 말줄임표는 글의 표정 같은 것이다.

문장부호 하나로 중언부언하지 않고 간단히 뜻을 전달할 수 있다.

　문자를 보낼 때 종결어미 대신 말줄임표를 붙이곤 한다. '안녕히 계세요'를 '안녕히…'하는 식이다. 종결어미는 인정 없이 마무리되는 것 같아 다소 딱딱하지만 말줄임표는 매정하지 않게 여운을 남겨 좋다. 가는 사람은 자꾸 뒤돌아보는 듯하고 보내는 사람은 손을 흔들며 마냥 서 있는 듯하다. 문장은 단출해지는데 아쉬움은 되레 커진다.

　소설책을 읽다 보면 큰따옴표 안에 점 여섯 개뿐인 대사 아닌 대사를 가끔 마주친다. 꼭 대꾸해야 할 대목인데도 묵묵부답 답이 없는 것이다. 상대 얘기에 깊게 몰입하고 있거나 넓게 공감하고 있는 사람의 차분한 모습을 연상케 한다. 아예 대꾸할 필요가 없다든지 아니면 너무 신중해서 섣부른 대답을 망설이고 있는 모습도 떠오른다. 장황한 대답보다 단순한 문장부호가 상상력을 더 자극한다.

　말줄임표처럼 간단명료하면서도 느낌은 살아있는 수필을 쓰고 싶다. 멋 부리지 말고 담백하고 진솔하게 써야지 한다. 하지만 아무리 허접한 글이라도 막상 쓰려면 호락호락하지 않다. 스타일은 고사하고 매번 분량 맞추기도 버겁다. 어중이떠중이 내용 갖다 붙이기 바쁘고 억지 춘향이식으로 꿰어맞추기 급급하다. 욕심부리지 않고 있는 그대로를 가감 없이 성실하게 적는 일이 생각처럼 쉽지 않다.

 버려야 할 것과 버리면 안 되는 것을 가려내는 일도 실력이고 소질일 것이다. 산만한 글 다시 살려보겠다고 퇴고에 매달리면 글은 또 산으로 간다. 그나마 조금 붙어 있던 살들마저 죄 깎여나가고 앙상하게 뼈만 남는다. 의미가 농축되기는커녕 증발해버려 오히려 빈약하고 초라한 글이 되고 만다. 걷지도 못하면서 뛰고 날려는 꼴이다.

 변변찮은 삶에 비하면 글쓰기는 그래도 양호하다. 부족하나마 수필이라는 틀에서 벗어나지 않기 위해 멀리 가지 않고 주위에서 맴돌려고 애쓰기 때문이다. 하지만 사는 일은 장르도 주제도 없다. 함부로 말줄임표를 남용했다가 알 수 없는 문장으로 만들어버리기도 하고 해야 할 말을 하지 않아 비겁한 문장으로 만들어 버린 페이지가 너무 많다. 수필은 퇴고를 통해 나아질 수 있다는 희망이라도 품을 수 있지만 사는 일은 퇴고도 다시 쓰기도 불가능하다.

 입을 다물어야 할 때 말을 하고 말이 필요할 때 입을 다물었다. 주제넘게 끼어들고 경솔하게 참견하고 의미도 없는 말을 수없이 주절거렸다. 어설프게 줄이고 생략해서 엉망으로 만든 문장은 또 얼마나 많은가. 어리석게 말줄임표

흉내나 내면서 마치 그것이 온전한 문장인 듯 착각했다. 삶이든 글이든 다듬는 연습부터 다시 시작해야겠다.

  버려서 더 많은 뜻을 얻은 침묵의 문장부호 말줄임표를 닮고 싶다.

선물

 단감 한 상자가 택배로 배달되었다. 발신인을 살펴보니 평소 마음을 나누던 지인이다. 가깝게 지내는 편이지만 그렇다고 넙죽 받을 사이는 아닌 것 같아 반가우면서도 한편 부담스럽다. 주홍빛 가을을 듬뿍 머금고 있는 감들이 탐스럽다. 달고 맛있게 먹고 건강하기만을 바랐을 그녀의 따뜻한 심성이 알알이 박혀 있는 듯하다.
 선물을 받는다는 것은 언제건 무엇이든 기분 좋은 일이다. 물질도 좋지만 관심과 사랑을 특히 더 받는 것 같아 흐뭇하다. 하지만 받을 자격이 있는가에 생각이 미치면 슬그머니 고개가 숙어진다. 변변한 선물 한번 건넨 기억이 없기 때문이다. 준 것 없이 받기만 하니 좋았던 마음이 금방 불편해진다. 당장 되갚아야만 배은망덕한 사람이 되지 않을 듯하다. 그러나 이내 갚아버리면 애써 보낸 정성이 되돌아온 것 같아 반갑기는커녕 오히려 실망스럽지 않을까. 핑계 삼아 차일피일 미루다 보면 어느새 시간은 또 저만큼 흘러 그 일을 까맣게 잊곤 한다.

  어릴 때는 선물을 받으면 기분 좋은 것으로 그만이었다. 이만큼 받았으니 저만큼 갚아줘야지 하는 결벽한 마음을 품을 줄 몰랐다. 주는 사람도 되받고자 하는 마음 없이 순수했을 것이다. 천진했던 어린아이 때처럼 받으면 받은 대로 마냥 행복하기만 하면 얼마나 좋을까.

  받기만 하고 모른 척하기 어려운 게 선물이다. 선물을 주는 것 역시 시간을 내는 거며 고르는 일 등 쉽지 않다. 번거롭게 주고받느니 차라리 서로 잘 지내는 것으로 대신하자는 편이다. 다행히도 선물에 대한 개똥철학이 나와 비슷한 친구가 있다. 처음엔 서로 배짱이 잘 맞아 두 손 들어 환영했다. 하지만 아무리 인색한 사람이라도 가끔은 소박한 것이나마 건네며 남다른 애정을 표현하고 싶을 때가 없지 않다.

먹을거리가 아니면 받는 이 마음에 들기 쉽지 않을 것이다. 내륙에 살고 있으니 내가 살고 있는 고장 산물인 마른 멸치를 좀 사서 보낼까. 맛있게 먹는 모습을 상상하며 정성껏 포장해 택배로 보내야지. 그러나 받으면 꼭 갚고야 마는 친구의 성정이 신경 쓰여 결국 실천을 포기한다. 되받을 양이면 나도 애써 보내고 싶지 않기 때문이다. 설사 실행한다 해도 한번 주고받으면 그뿐 우리는 또 언제 그랬냐는 듯 다시 예전과 다름없는 깔끔한 관계로 되돌아가고 말 것이다.

마음 가는 대로 하면 그만이지 받는 사람 심사까지 걱정하며 주니 마니 하는 게 한심하기도 하다. 배려와 염려가 친밀보다 거리를 두는 쪽에 치우치면 고만고만한 관계에 머물러 더는 가까워지지 않을 것이다. 하지만 선물을 받는 행위가 아무리 기분 좋은 일이라 해도 일방적으로 보내도 괜찮다는 의미는 아니지 않을까. 받는 사람이 부담을 느낀다면 그에 맞추는 것 또한 배려라면 배려일 테니 말이다.

산타할아버지는 선물을 주는 사람이다. 받았다는 말은 어디에서도 보거나 들은 적이 없다. 산타할아버지처럼 기꺼이 선물을 주기만 하고 정녕 받지 않을 수는 없는 것일까.

선물은 물질일 수도 있고 마음일 수도 있겠다. 정이 넘치고 에너지가 많으면 마음뿐만 아니라 물질까지 주고받으며 더욱 알뜰살뜰한 관계를 유지할 수 있을 것이다. 하지만 게으르고 잔정 없고 에너지까지 딸리는 나 같은 사람은 물질 대신 마음이나마 듬뿍 주는 것에 무게를 두어 인색함이 조금이나마 상쇄되기를 바랄 뿐이다. 곁에 있는 것만으로도 위로가 되고 의지가 되어 선물 못지않은 존재가 되면 더 바랄 게 없을 듯하다.

받는 줄 모르면 갚아야 하는 부담을 느끼지 않아도 된다. 주는 줄 모르면 받는 이 마음을 애써 헤아릴 필요도 없을 것이다. 존재만큼 주는 사람은 주는 줄 모르고 받는 사람은 또 받는 줄 모르는 선물도 없으리라. 환하게 웃는 얼굴로 상대를 늘 기분 좋게 하는 사람. 푸근해서 마냥 편한 사람. 부족한 부분이 똑 닮아 서로에게 위안이 되는 사람. 배려심 많고 도덕적인 사람. 활달하고 부지런한 사람…. 둘러보면 모두 선물 같은 사람들이다. 어느 하나라도 제대로 갖춰 나도 하루빨리 그들에게 선물 같은 존재가 되고 싶다.

자기 늪

'내 속엔 내가 너무도 많아 당신이 쉴 곳 없네….'

〈가시나무 새〉 노래 가사가 도돌이표를 단 듯 자꾸 입에 맴돈다. 편협하고 이기적인 탓에 당신을 이해하고 사랑하기 어렵다는 뜻인가. 아니면 당신이라는 우주를 받아들이기에 자신은 너무 작고 초라하다는 자괴감인가. 내 속을 은유적으로 확장하면 그 크기는 가늠할 수 없을 만큼 깊고 넓으리라. 그 넓은 가슴에 당신은 없고 온통 나만 가득하다면 인격에 앞서 자폐 먼저 고민해봐야 하지 않을까.

갓난아기는 눈에 비친 사물을 기계처럼 바라만 본다. 아직 자아가 생기지 않아 '내가 보고 있다'라고 주체적으로 인식하지 못하기 때문이다. 공갈 젖꼭지로 엄마 젖을 대신할 수 있는 것도 내 엄마가 아니면 안 된다는 의식이 없어 가능한 일일 것이다. 자아가 들어서면 공갈 젖꼭지 떼기가 쉽지 않다. 아기 속에는 이제 내가 너무 많은 탓이다.

 아름다운 미소년 나르키소스는 숱한 청년과 소녀들의 마음을 받아들이지 않아 신으로부터 자신과 지독한 사랑에 빠지는 저주를 받는다. 물속에 비친 자기 얼굴에 반해 한없이 애를 태우지만 이룰 수 없는 사랑에 절망하다가 죽어 끝내 수선화가 되고 만다. 슬프고 아름다운 서사에 깊은 애수가 묻어나기도 하지만 지나친 자기애로 인해 스스로 파멸의 길을 걷게 되는 비극적 결말은 다소 섬뜩하기도 하다.

 어느 인지심리학자는 요즘 가장 경계해야 할 인물로 나르시시스트를 꼽는다. 자신이 최고라는 생각에 갇혀 남을 희생시키고 내 감정만 중요하게 여겨 타인 따윈 가볍게 무시하는 괴물이기 때문이다. 모두에게 좋은 결과를 얻기 위해 협동하는 게 아니라 자신만 돋보이려고 철저히 남을 이용하는 반사회적 인물이라는 것이다. 사이코패스나 소시오패스는 범죄자로 취급해 사회에서 격리될 가능성이라도 있지만 나르시시스트는 주위에서 쉽게 만날 수 있어 더 위험하다고 경고한다.

아집 하면 나도 한몫 거드는 편이다. 철없을 때는 당신이라는 세계를 받아들이지 못해 사람들과 가까이하는 일이 쉽지 않았다. 아직도 타인에겐 무관심하고 자신에겐 지나치게 집중하는 편이다. 내 안에 내가 너무 많은 탓이다. 형편없는 외모로 나르키소스와 비교하긴 민망하지만 나르시시스트적 기질이 없다고 부인하진 못할 것 같다. 이기적인 성정을 높은 자의식으로 해석해 인격을 크게 문제 삼아 본 적 없어 더 부끄럽다.

오빠들이 바둑 둘 때 옆에서 구경하면 얼치기인 나도 제법 수가 보인다. 해볼 만하다 싶어 뛰어들면 막상 딴판이다. 이겨야겠다는 마음이 앞서 뻔한 수도 잘 보지 못한다. 훈수 자리에서는 객관적 입장이라 판세를 넓게 보지만 당사자가 되면 시야가 좁아져 자기 수에만 얽매이기 때문이다. 다 지었던 집들조차 모두 빼앗겨 불계패 당하기 일쑤다.

훈수 둘 때는 '나'가 없으므로 수가 잘 보이는 것이라고 무비 스님께서 말씀하셨다. 기뻐하되 기쁨에 물들지 않고 절망하되 절망에 물들지 않으면 내가 상하는 일 절대 없다고 말이다. 욕심을 버리고 그냥 즐기라는 뜻이려니 가볍게 여겼는데 그게 아닌 것 같다. 자신을 내려놓고 코앞 상황에 일희일비하지 않으면 결과는 자연 따라온다는 고수의 냉철한 훈수인 것이다. 나를 버려야 가볍고 선명해진다는 이치인 게다.

  심리학자들은 나르시시스트를 만나면 피하는 게 상책이라고 충고한다. 하지만 세상일을 흑과 백으로 정확히 가를 수 없는 것처럼 좋은 기질 또는 나쁜 기질이 적거나 많을 뿐 오롯이 선하기만 하거나 악하기만 한 사람은 아마 없을 것이다. 자신만 돋보이려고 철저히 남을 이용하는 나르시시스트와 자기 늪에 빠지지 않기 위해 부단히 애쓰는 사람의 경계는 결국 그 마음의 크기에 따라 나뉘는 것 아닐까.

  이기고 배척하는 것만이 능사가 아니라 당신이 편안히 쉴 수 있도록 가슴을 활짝 여는 게 답이라는 듯 노랫말 가사가 도돌이표를 달고 다시 입안에 맴돌기 시작한다.

  '내 속엔 내가 너무도 많아 당신이 쉴 곳 없네….'

밥 짓기

 쉬운 것 같으면서도 쉽지 않은 게 밥 짓기다.
 쉽다는 것은 생각보다 어렵지 않다는 뜻이다. 쌀을 두세 번 헹군 뒤 적당히 물을 붓고 가열하면 선밥이든 뜸이 잘 든 밥이든, 되든 질든 어쨌건 밥은 된다. 요즘은 전기밥솥이 있어 번거롭게 불 조절할 필요도 없다. 쌀을 씻어 안친 뒤 버튼만 누르면 손쉽게 밥이 된다.
 쉽지 않다는 것은 밥의 상태를 두고 하는 말이다. 뜸이 잘 들었으면서도 고슬고슬한 밥 짓기 말이다. 딱히 되거나 진밥을 좋아하는 사람도 있다. 경험상 그런 밥하기는 어렵지 않다. 밥물을 초과해 붓거나 조금 작게 부으면 농도의 차이가 크게 느껴지지 않는 된밥 또는 진밥이 되기 때문이다. 하지만 고슬고슬한 밥 짓기는 밥물 잡는 것부터 불 조절까지 남다른 정성과 경험이 있어야 가능하다.

전기밥솥을 사용한 뒤로 내가 밥에 영향을 끼치는 것이라곤 달랑 밥물 하나 잡는 것뿐이다. 매번 성의 없이 물을 확 부어버리고는 많거나 적은 듯해도 모른 척 취사 버튼을 눌러버린다. 십중팔구 진밥이다. 가끔 밥 잘 됐다는 말을 할 수 있는 것은 우연일 뿐 솜씨가 아니다. 사십 년 동안 밥을 지었건만 시간이 오히려 독이 되었을까. 입에 잘 맞는 밥 짓기가 여전히 어렵다.

친정어머니 밥은 고슬고슬하지 않은 때가 거의 없었다. 아궁이 불에 짓는 밥은 정성이 반이다. 처음엔 불을 세게 지피다가 밥이 끓기 시작하면 불덩어리 나무를 반쯤 덜어내 중간 불로 만들어 준다. 밥물이 거의 졸아들면 이제 불씨만 남겨 쌀이 고루 퍼질 때까지 기다리고 또 기다려야 한다. 불 조절을 조금이라도 허투루 하거나 뜸 들이는 시간을 얕보면 밥은 단박에 표가 나고 만다.

친정 식구들은 진밥을 싫어했고 입도 짧았다. 별 반찬 없는 소박한 밥상이었기에 어머니는 밥이라도 맛있어야 한다고 믿었던 것일까. 봄이 아무리 고단하고 힘들어도 매

끼니 밥 짓는 일에 정성을 쏟고 또 쏟았다. 쌀을 씻어 안친 뒤 손을 넣어 신중하게 밥물을 가늠하고 악기 다루듯 세고 여리게 아궁이 불을 조절한 뒤 기도하듯 오래도록 뜸을 들였다. 친정 그늘에 있는 동안 진밥 먹어본 기억이 거의 없다.

 좋아하지 않는 진밥을 먹기 시작한 것은 결혼하고부터다. 시댁 부엌 아궁이에는 큰 가마솥이 걸려 있었지만 연탄이 많이 보급되었던 때라 굳이 불편한 가마솥 밥을 고집하지 않았다. 밥을 하려면 연탄구멍을 열어 화력을 키운 뒤 끓으면 다시 막고 밥물이 졸아들 때까지 기다려야 한다. 물이 졸아들면 연탄집게로 솥을 적당히 괴어 오래 뜸을 들여야 고슬고슬하고 먹음직스러운 밥이 된다.

 시어머님은 밥물을 애초 많이 잡는 데다 공기구멍까지 활짝 열지 않아 끓는데 시간이 오래 걸렸다. 그나마도 끓어오르기 무섭게 밥솥을 높이 괴어 뜸이 제대로 들지 않았다. 된밥을 좋아했던 시아버님은 끼니때마다 끌끌 혀를 찼다. 없는 살림에 물을 많이 부어 밥양도 늘리고 또 누룽지로 허비되는 양식을 아끼려다 보니 갖게 된 습관 탓이라고 시누이가 번번이 시어머님 편을 들며 나서곤 했다. 하지만 이젠 양식 귀한 때가 아니니 제발 된밥 좀 먹게 해달라고 시누이 역시 시어머니께도 꼭 한마디 보탰다.

 허약한 몸을 이끌고 고슬고슬한 밥 짓기에 집착하셨던 친정어머니. 가족들 배부르게 하려는 일념이 얼마나 컸으면 세월이 바뀌어서조차 진밥 짓던 습관을 버리지 못하던 시어머님. 두 어머니를 생각하면 밥 짓기가 단지 된밥 진밥이나 가려내는 기능 문제가 아님을 절감한다. 가족의 건강이 오롯이 밥 한 그릇에 달렸다는 간절한 기도. 그 기도를 끝내 담아내지 못한다면 나의 밥 짓기는 영원한 실패로 끝나고 말 것이다.

 '짓다'라는 표현은 간절한 바람이나 정성을 들일 때 사용된다. '밥을 짓다, 옷을 짓다, 집을 짓다. 농사를 짓다….' 반대로 쌓은 것을 도리어 허물어뜨리는 '죄를 짓다, 업을 짓다'도 있다. 어떤 밥을 지을 것인가 하는 문제는 결국 복 짓는 인생을 살 것인가 아니면 복을 허물어뜨리는 인생을 살 것인가로 귀결되는 듯하다.

그녀의 집

 호랑나비 번데기는 보름 가까이 기다려야 날개를 펼친다. 병아리가 알 속에서 부화를 꿈꾸는 시간은 삼칠일이다. 고양이는 그보다 조금 긴 두어 달이고 그녀에게는 더욱 긴 열 달이 필요하다.

 깊은 바닷속처럼 고요하고 어두웠다. 고요는 외롭지 않은 고독이고 어둠은 오롯이 자신에게만 집중할 수 있는 은폐의 빛깔이다. 본능은 무서움에 앞서 안도를 직감했다. 예민한 생명이 깃들기에 손색없는 천혜의 요새였다. 성장해서도 혼자이길 갈망했던 이유가 거기 있었나 보다. 기나 긴 여정을 마치고 그녀는 비로소 그 집에 착상했다.

집이 네모고 딱딱하고 크다는 것은 편견일지 모른다. 그녀가 미립자에 불과할 때는 주먹만 한 집이 운동장만큼이나 크고 넓었으리라. 둥근지 네모난지, 딱딱한지 부드러운지 아예 짐작조차 할 수 없었을 것이다. 머리가 조금씩 둥글어지고 팔과 다리가 서서히 분화하기 시작했을 때 그녀는 비로소 깨달았다. 자신의 집이 작고 연약해도 세상에 단 하나밖에 없는 매우 경이롭고 신비로운 자신만의 우주라는 사실을.

양수는 신비의 물이다. 외부로부터 충격을 흡수해 태아를 보호하고 체온도 항상 37.5도로 유지해 세균에 감염될 위험을 미리 차단해준다. 박테리아가 살 수 없도록 청정 환경을 조성하고 몸에 이상이 있는지 없는지 매일 불침번을 서며 경계를 늦추지 않는다. 그녀는 양수를 들이마시고 뱉어내며 폐 조직을 자극하고 부드러운 움직임으로 근육과 골격의 성장을 촉진시켜 나날이 조금씩 여물어갔다.

그녀의 집이 완벽한 이유는 교감영역에 있으리라. 교감은 온기, 마음, 생각 같은 것이다. 실재하지만 손에 잡히기나 눈에 보이지 않는 영혼이나 신성 같은 것. 과학은 결코 흉내 낼 수 없는 현실 너머 초자연의 세계인 것이다. 그녀는 모태로부터 소리 없이 전해지는 신호를 본능적으로 수신했다. 사랑과 믿음에서 오는 안도감이 그녀를 포근히 에워쌌다. 두려움과 슬픔을 모르니 눈물샘은 아예 생기지도 않았다.

그녀는 따뜻한 양수의 바다를 부드럽게 유영했다. 올챙이처럼 웅크리고 앉아 손가락을 빨기도 하고 많은 시간 평화롭게 잠을 자기도 했다. 햇살 밝은 날이면 빛이 드는 쪽으로 고개를 돌리기도 하고 달콤한 냄새에는 자신도 모르게 입을 오물거렸다. 새끼 고래가 엄마를 부르는 것 같은 음파가 멀리서 파도처럼 밀려오면 그녀는 눈을 감고 조용히 귀를 기울였다.

이제 손가락 크기로는 비교할 수 없을 만큼 그녀는 성장했다. 집이 비좁아 마음껏 움직일 수 없었지만 차분히 앉아 있는 시간도 즐길 만큼 의젓해졌다. 그녀가 건강한 모습으로 떠날 수 있도록 집은 영양과 배설의 문제 등 생체활동에 필요한 모든 지원을 아낌없이 제공했다. 물체를 움켜쥘 수 있을 만큼 손끝에 힘이 느껴졌을 그녀는 깨달았다. 원하든 원하지 않든 때가 되면 누구나 그 집을 떠날 수밖에 없는 운명이라는 것을.

로댕의 생각하는 사람처럼 팔다리를 구부리고 앉아 그녀는 초조하게 운명의 시간을 기다렸다. 세상은 어떤 곳이고 자신의 정체는 무엇인가 하는 불확실성이 때때로 그녀를 괴롭혔다. 야수로 태어나지 않는다는 보장은 어디에도 없었고 세상은 여전히 오리무중이었다. 차라리 영원히 그 집에 머물고 싶었다. 하지만 알에서 나오지 않으면 병아리가 될 수 없다. 그녀는 기어이 껍데기를 깨고 의연한 모습으로 떠나리라 결심했다.

　양수가 산도를 내며 걸음을 재촉했다. 그녀는 빛을 향해 천천히 앞으로 나갔다. 두렵고 설레었다. 드디어 문 앞에 다다랐을 때 보이지 않는 힘이 잽싸게 그녀를 낚아채 세상 속으로 던진 것은 찰나였다. 그리고 빠르게 문이 닫혔다. 너무 밝아서였을까. 아니면 다시는 그 집으로 돌아갈 수 없다는 절망과 두려움 때문이었을까. 그녀는 발악하며 큰 소리로 앙앙거렸다. 아무리 울어도 눈물이 나지 않았다.

　엄마의 자궁에 깃들지 않았다면 나는 지금쯤 세상에 없는 존재다. 어쩌면 기억을 못 할 뿐 존재를 만드는 최초의 집은 스스로 선택하는 것인지 모른다. 평생에 한 번 열 달밖에 머무를 수 없고 크기나 환경 역시 누구에게나 똑같이 주어지는 평등의 집. 내가 그 집과 인연이 된 것은 우연이 아닌 필연일 터. 설령 짓궂은 운명의 장난이었다 해도 나는 기꺼이 그 운명을 다시 감수할 테다.

오성사

내가 사는 도시 한복판에 큰 재래시장이 있다. 서울 남대문 시장처럼 의복과 신발 등 생활에 필요한 온갖 잡화가 모여 있는 곳이다. 재래시장이 으레 그렇듯 조그마한 점포들이 골목 따라 오밀조밀 들어서 있고 값싼 물건과 인정이 넘쳐 사람들의 발길이 끊이지 않는다.

오성사는 그 시장 골목에 숨어 있는 조그만 실 가게다. 실 외에도 단추며 고무줄, 지퍼 등 옷에 딸린 부재료가 만물상처럼 수북이 쌓여 있다. 허름한 점포가 작고 소소한 품목들과 어우러져 퍽 정감 가는 곳이다. 우연히 들르기보다 알음알음 찾는 사람이 더 많은 편이다.

삼십여 년 전이다. 나는 체구가 작아 예나 지금이나 소매나 바짓단을 줄이지 않고는 새 옷을 입을 수가 없다. 일일이 수선집 드나드는 게 번거로워 시작된 바느질이 날이 가면서 조금씩 범위가 넓어졌던가 보다. 안쪽은 흑·백색 실만으로도 바느질이 충분하지만 겉으로 드러난 부분은 옷 색깔에 실을 맞춰야 한다. 어느 날 동네에 있던 실 가게가 소리 소문 없이 사라져 버스를 타고 급하게 찾아간 곳이 바로 오성사였다.

쭈뼛거렸던 기억이 아직도 생생하다. 벌여놓은 바느질 마무리할 욕심에 서둘러 찾긴 했다. 하지만 막상 도착해 보니 작긴 해도 도매상 같아 그깟 실 한 타래는 성가시다며 팔지 않을 것 같았다. 아이들 키운다고 종종거리던 때라 먼 걸음 한 게 아까웠다. 헛일 삼아 들어섰는데 주인은 무표정한 얼굴로 원하는 물건을 금방 찾아 무심히 내 앞에 내밀었다. 친절하지도 그렇다고 불친절하지도 않았다.

실이란 게 부피는 작아도 풀어놓으면 무시할 수 없는 길이다. 제법 쓰인다 싶은 기본색도 한 타래면 몇 년은 잊고 산다. 색실은 하나만 있으면 평생 쓰고도 남을 것이다. 심심풀이 삼은 아마추어 바느질이었으니 소비해봤자 그 양이 얼마나 될까. 바느질과 거리가 먼 사람들에 비하면 그나마 좀 쓰는 축에 속하는데도 말이다.

 실 가게는 번듯하지도 않고 쓰임이 적어 큰돈과는 거리가 멀다. 그래도 생활하는 데 없어서는 안 될 소중한 물건이기에 세상 어디든 하나쯤은 반드시 있어야 한다고 믿는다. 하지만 큰돈 안 되는 일에 누군들 선뜻 나설까. 낡고 좁은 점포에 오만 가지 물건을 모두 갖춰놓고 많이 산다고 살갑지 않고 적게 산다고 박절하지도 않아 더욱 인상 깊었던 곳이 오성사다.

 백화점이 대중화되면서 그곳과 멀어진 지 벌써 이십여 년이다. 죽은 상권을 살려보겠다고 시에서 마침 시장 근처에 문화아카데미 교실을 개설했다. 듣고 있던 강좌 숙제를 위해 시장 일대를 헤매다가 뜻밖에 골목에서 오성사와 마주쳤다. 골목 바닥이 비스듬해 멀쩡한 점포가 기우뚱해 보이고 흑백시대를 연상케 하는 낡은 유리문도 여전하다.

 다짜고짜 안으로 들어섰다. 오색실이 수북하고 조그만 단추 상자들이 알록달록 쌓여 있는 게 예전과 다름없이 정갈하고 가지런하다. 주인에게 나는 처음 보는 사람 같겠지만 무뚝뚝한 표정에서 어렴풋이 옛 모습이 떠오른다. 가게를 몇 년째 운영 중이냐고 물으니 칠십 년이라 한다. 첫 주인이었던 고모부에게 일찌감치 물려받아 지금에 이르렀다고 덧붙인다. 실 한 타래를 사 들고 문을 나서며 울컥한다. 화석처럼 변함없는 모습으로 기우뚱 앉아 있는 오성사가 한없이 고마워서다.

  실을 보면 마음이 푸근하다. 어머니 품속같이 따뜻하고 외갓집처럼 편안하다. 실이 없다면 크고 유행 지난 옷을 몸에 맞고 어울리도록 고쳐 입지 못할 것이다. 이제 한물간 구시대 물건이 되어 주위에서는 쉽게 찾아볼 수 없으니 안타깝기만 하다. 초라한 재래시장 뒷골목에서 칠십 년 넘도록 소박한 모습을 처음처럼 간직하고 있는 오성사를 보며 변하지 않는 것의 가치와 아름다움을 다시 또 깨닫는다.

  나에게도 긴 세월 동안 변하지 않고 유지되는 일이 있다면 바느질 아닐까. 온갖 편리를 다 추구하면서도 웬만한 옷 수선은 직접 해야 성이 찬다. 매번 어름거리느라 바느질이 오래 걸리긴 해도 얼추 흉내를 내면서부터는 조금 수월해진 편이다. 오성사 같은 실 가게가 없어지지 않는 한 나의 서툰 바느질도 멈추지 않고 계속되리라.

팝아트를 보고

 현대미술은 전통에 대한 거부와 창조적인 실험정신을 바탕으로 한다. 미의 추구라기보다 새로움의 발견인 것이다. 팝아트의 등장 역시 파괴적이고 혁신적이다. 예술의 대상이나 주체, 의미, 표현방법 등 다양한 방면에서 과거를 거부하고 새로움에 몰두했다.
 앤디 워홀은 자신의 작업실을 공장이라고 부르며 그림을 상품처럼 찍어낸 화가로 유명하다. 작가의 독창성이나 개성, 감정 따위는 무시한 채 철저하게 작업지시서에 따라 그림을 제품처럼 대량 생산했다. 그는 돈 버는 일이 예술이고 일하는 것도 예술이며 잘되는 비즈니스는 최고의 예술이라고 공공연하게 말할 만큼 사업가면서 예술가였다.

　워홀의 작품은 소재와 실크스크린 판화기법이 인상적이다. 캠벨 스프 깡통과 브릴로 상자 그리고 마오쩌둥이나 재키 같은 유명 인사의 얼굴에 이르기까지 소재가 극히 대중적이고 친화적이다. 무감각하고 반복적인 현대인의 모습을 섬뜩하리만큼 잘 반영하고 있어 소름 돋는다. 웃고 있는 네 개의 메릴린 먼로 얼굴은 육감적이다. 똑같은 표정을 색상만 달리했는데도 모두 느낌이 다르고 생동감 있다. 색상이 선명하고 시각적 효과가 뛰어난 실크스크린 기법이 한몫하고 있는 듯하다. 자신이 살던 시대를 상징적으로 표현해 순수미술 못지않은 성공을 거두었기에 워홀은 당당히 기계가 되고 싶다고 말했는지 모른다.

　2차 대전 후 일련의 예술가들은 황폐한 유럽을 떠나 미국으로 활동 무대를 옮기게 된다. 도시로 말하면 파리에서 뉴욕으로의 이동이었다. 그들은 달라진 환경만큼 예술적으로 추구하는 경향도 변하게 되는데 고전에서 현대로 또는 순수에서 상업으로의 전환을 추구한 것이다. 그 흐름은 이미 유럽에서 시작되었지만 분명 차이가 있다. 마르셀 뒤샹은 남성용 소변기를 몰래 출품했다가 전시를 거절당하기도 하고 잭슨 폴록은 큰 캔버스를 바닥에 깔아 놓고 그

위를 마구 걸어 다니며 물감을 뿌리는 등 기존 형식을 철저하게 파괴한 것이다.

당시 미국은 사실주의 경향에서 크게 벗어나지 못하고 있었다. 현대미술의 메카로 거듭나기 위해서는 지금까지와는 전혀 다른 새로운 양식이 절실했다. 때마침 추상적이고 전위적인 작가들의 작품은 고도의 산업사회에 적합하고 미국의 상업적 이미지에도 걸맞은 양식이라는 판단에 이른다. 그들의 작품을 대형 미술관에 거듭 전시 광고하여 육성한 결과 팝아트라고 하는 새로운 사조가 탄생했다. 진지하고 귀족적이기만 하던 유럽미술과는 확연히 차별되던 것이다.

팝 미술가들은 생활과 구별할 수 없는 예술을 창조하는 것이 목표라 한다. 실제로 팝아트는 생활에 직접 반응하고 특정한 사회적 상황을 충실하게 반영하여 전문가와 훈련받지 않은 관람자들 모두 이해할 수 있는 민주적, 비차별적 미술이라는 평가를 받고 있다. 뉴욕 월가에서 경제인들을 중심으로 확산하면서 국제적인 인정까지 받게 되자 그 가치가 더욱 치솟았다. 흡사 신인을 발굴해 대형가수로 키워내는 연예기획사처럼 팝아트를 의도적으로 키워 경제적으로나 예술적으로 큰 성과를 내는 문화사업의 본보기가 아니었나 싶다.

팝아트가 크게 성공하고 뉴욕이 현대미술의 메카로 거듭났어도 세계인들은 여전히 빈센트 반 고흐의 그림을 좋아한다. 인상파 그림은 섬세했던 기존 그림과 달리 거칠어서 처음엔 외면당했지만 지금에 이르러선 가장 사랑받는 사조가 되었다. 엄마 잃은 새끼 원숭이에게 금속과 헝겊으로 된 인형 두 개를 주면 금속은 외면하고 헝겊 인형만 가지고 논다고 한다. 따뜻함과 부드러움을 좋아하는 것은 생명의 본능이기 때문일 것이다. 고흐 그림은 헝겊 인형같이 부드럽고 따뜻하다.

오늘날 미술은 예술 대상을 해체한 추상도 모자라 예술 주체인 화가를 대상화하고 없애고 집단화하는 방향으로까지 실험되고 있어 순수미술 애호가들을 더욱 힘들게 한다. 새로움에 대한 강박에 매몰되어 자칫 목욕물을 버리다 아이까지 버릴까 걱정이라면 지나친 표현일까. 세련되고 감각적인 팝아트는 그런 우를 범하지 않는 선에서 계속 대중적이기를 기대해본다.

PART 2

반사적 광영

까마중 • 공평하다 • 낙타풀 • 길 • 어떤 꿈 • 남자의 도시 • 꿀 도둑
빵 고르기 • 오전 일곱 시 • 된장국 • 균형 잃다 • 반사적 광영

까마중

 부뚜막에 나앉아 바깥을 내다본다. 너른 공터가 온통 까마중으로 뒤덮여 있다. 파란 열매가 드문드문 매달려 있지만 잎 사이 대롱대롱한 것은 모두 자잘한 하얀 꽃들이다.
 살강에서 보리밥 한 덩이를 꺼내 뚜덕뚜덕 물에 만다. 열흘 밤낮 아랫목에 누워만 있던 아버지가 자취를 감춘 지 벌써 넉 달째다. 빚쟁이들에 의해 달랑 리어카 한 대에 간단한 가재도구만 들려 내쫓겼을 때 깨달았다. 아버지는 쉽게 돌아올 수 없다는 것을.
 짠지 몇 조각으로 밥 한 그릇 뚝딱 해치우고 부엌문을 나선다. 등교하는 아이들로 소란스럽던 신작로가 한낮이 되니 덩그렇다. 며칠 전 개울에 엎드려 세수하다가 그만 반 친구에게 들키고 말았다. 친구는 신작로 가에 서서 물끄러미 내려다보다 학교 쪽으로 사라졌다. 이제 아침나절에 문밖에 나오는 일은 다시 없을 것이다.

처마 밑에 작은 그늘이 드리워진 것을 발견하고 털썩 주저앉는다. 뙤약볕에 까마중 꽃들이 축 늘어져 있다. 감자꽃을 닮기도 했지만 매달린 모습은 영락없는 가지꽃이다. 예쁘지 않은 꽃은 흔하고 흔하니까 또 예쁜 줄 모르나 보다. 이삿짐이래야 고작 이불과 솥단지, 그릇 몇 개가 전부였다. 리어카를 끄느라 땀을 뻘뻘 흘리던 오빠들 모습이 떠올라 고개 돌린다.

오빠들이 겨우 가는 차비만 마련해 작은아버지 댁에 학비 얻으러 가고 없을 때였다. 엄마는 신문지국에 가서 오빠들 몫의 신문을 받아와 나와 동생에게 절반씩 건네었다. 절반이라 해도 초등학교 이 학년, 사 학년에겐 버거운 무게였다. 그나마 읍내를 벗어난 동리여서 덜 창피했지만 좁은 논두렁 길을 걷는 일은 쉽지 않았다. 힘들어도 창피한 게 싫어 오빠들은 일부러 낯선 동네를 택했을 것이다.

미루나무 위에서 매미가 숨넘어갈 듯 울어 젖힌다. 그치지 않는 매미 소리에 헬리콥터 소리가 겹쳐 현기증이 난다. 셋째 오빠가 집에서 황급히 뛰어나오는 모습을 보고 막내가 끝내 하늘나라로 떠났다는 것을 직감했다. 친구들과 고무줄놀이한다고 콩콩거리던 다리가 휘청했다. 막내는 헬리콥터 소리에 놀라 경기를 하고 자리에 누운 뒤 다시는 일어나지 못했다. 동네 아저씨들이 시신을 가마니에 둘둘 말아 앞산 애장터에 묻어주고 돌아온 것은 깜깜한 밤이었다.

 엉덩이를 털고 일어나 방으로 들어가 콩나물시루에 물을 준다. 산에 나무하러 간 엄마가 배고플까 걱정이다. 남편이 사라지고 보금자리를 빼앗기고 자식까지 잃었다. 엎친 데 덮쳐 일어난 쓰나미에 넋이 나가지 않으면 오히려 이상하다. 학교를 결석한 지 달포가 넘었는데도 엄마는 나무랄 기운조차 없는지 도통 말이 없다.

 옆방 언니가 보리쌀을 삶으려고 아궁이에 불을 지핀다. 들썩거리던 밥솥이 얌전해지니 기다렸다는 듯 나를 불러 옆에 앉힌다. 언니는 외출할 때 가끔 교복을 입었지만 학교에 가는 것은 분명 아니었다. 언청이인 데다 집안 형편까지 어려워 공부를 포기한 게 아닐까 짐작할 뿐이다. 찢어진 입술 사이로 윗니가 보이는 것을 애써 감추며 자신처럼 후회할 일을 만들지 말라며 어깨를 토닥거린다. 그 모습이 나보다 더 측은하다. 사그라지는 것은 불씨가 아니라 우리의 미래였다.

  시름없이 아궁이만 들여다보고 있는데 꿈처럼 담임선생님이 부엌문 앞에 서서 나를 부른다. 엊그제 보았던 반 친구도 함께 있다. 결석한다고 혼나는 것보다 누추한 집 들키는 게 죽기보다 싫었다. 얼떨결에 반대편 문으로 도망쳐 까마중밭으로 숨는다. 몸을 아무리 숙여도 듬성듬성한 이파리 사이로 보이는 것 같아 가슴이 콩닥거린다. 못생긴 까마중만 무성하다고 툴툴거린 게 언제인데 더 우거지지 않은 것이 안타까워 침이 마른다. 까마중 키가 조금만 더 컸으면 하는 마음 간절할 때 선생님이 보이지 않는 척 허공을 향해 소리친다.

  "무슨 일이 있어도 학교는 꼭 다녀야 한다!"

  여린 강아지풀이나 민들레뿐이었다면 나는 뛰어들 엄두도 못 내고 아예 멀리 달아나 선생님 목소리나마 달게 듣지 못했을 것이다.

  세월이 흐르고 흘러 그 시절 엄마보다도 더 나이가 들었건만 열한 살 소녀에게 닥쳤던 무겁고 힘겨웠던 시간이 아직도 어제 일처럼 생생하다.

공평하다

   세상은 그런대로 공평하다. 가난한 나라의 행복지수가 높은 것이나 잘사는 나라의 행복지수가 낮은 것은 정말 공평하다. 만약 가난해서 불행하기만 하거나 부유해서 행복하기만 하다면 불공평한 것은 차치하고 고통스러워 죽든 한가해 죽든 인류는 종래 멸종하고 말 것이다.
   개미와 베짱이 이야기를 생각하면 사는 일이 두루 공평하다.
   젊어 열심히 일한 개미가 늙어 편안하게 사는 것과 놀기만 하던 베짱이가 배고픔에 시달리는 것은 당연하니 공평하다. 요즘은 결말이 또 바뀌었다. 개미는 뼈 빠지게 일해

모은 재산을 관절염 치료비로 모두 탕진하고 노래를 좋아하던 베짱이는 유명한 가수가 되어 크게 성공한다. 욕심이 지나치면 화를 부르고 좋아하는 것 외에 안분지족하면 복을 받는다는 것이니 마찬가지로 공평하다. 안락한 노후를 위해서건 지나친 욕심 때문이건 열심히 일한 것으로 개미는 만족할 일이다. 베짱이도 내일이야 어떻든 오늘 하루 행복했다면 후회 없을 테니 역시 공평하다.

나는 젊었을 때 개미처럼 부지런히 살지 못해 늘 애가 탔다. 빛나는 미래를 위해서라면 초라한 현재쯤 기꺼이 희생할 가치가 있다고 믿었다. 내핍한 생활은 물론 잠시 잠깐도 한가하면 불안하고 초조했다. 날마다 노래나 부르고 있는 베짱이를 비웃으며 열심히 땀 흘리는 사람들을 뒤쫓고자 아등바등했다. 하지만 내일을 위해 오늘의 욕구를 자제한다는 것은 큰 고통이었다. 또 그렇게 바라던 내일이 와도 오늘의 결핍은 채워지지 않았다. 나는 이제 다시 베짱이가 되고 싶었다.

막상 베짱이가 되니 매사 편하게 생각해 발전 없는 게 또 탈이었다. 지금 사는 집도 개미처럼 애면글면할 때 장만한 것이고 만학의 열정을 태운 것도 그때였다. 실제 베짱이 생활로 접어든 뒤로는 이룬 게 거의 없다. 불투명한 내일을 기다리느니 차라리 행복한 오늘을 살고자 했던 마음도 퇴색했다. 하지만 부정적이던 사람이 긍정적으로 변하고 마음에 여유가 생겨 작은 것에도 고마워할 줄 알게 되었으니 잃기만 한 것은 분명 아니리라. 가치관에 따라 베짱이가 되거나 개미가 되는 것일 뿐 얻는 것도 잃는 것도 비슷하니 결국 공평하다.

키 작은 여자는 남자들에게 보호 본능을 일으키는 것 같아 부럽다고 어느 날 키 큰 친구가 내게 말했다. 키 작은 나를 위로하려는 것이라고 일축했더니 극구 손사래를 쳤다. 크면 멋있다 소리는 들을망정 귀엽다는 말은 절대 들을 수 없다는 것이다. 작은 사람은 서툴러도 예쁘게 봐주지만 큰 사람은 허우대만 멀쩡하고 싱겁다 소리나 듣게 돼 더 노력하게 된다고 덧붙였다. 키와 능력은 비례하지 않는다는 것을 증명하고 싶었다. 열심히 사는 것 외에 작은 키를 보완할 방법은 없다고 믿었다. 그런데 키 큰 사람은 또 키가 커서 애쓰며 살았다니 세상사 공평함에 무릎을 치지 않을 수 없다.

좋은 일에 나쁜 일이 겹치면 호사다마라 한다. 나쁜 일만 거듭되거나 좋은 일이 반복되는 경우는 드물다는 얘기다. 나쁜 일은 겪으면 겪을수록 삶의 자세가 성숙하고 진지해진다. 좋은 일이 많으면 자칫 방심하기 쉬워 탈 나기 십상이다. 얻는 게 있으면 잃는 것도 있고 잃는 게 있으면 얻는 것도 있게 마련이다. 문제는 좋은 일이 찾아왔을 때 전에 겪었던 나쁜 일에 대한 보상이라거나 앞으로 겪게 될 나쁜 일에 대한 보상을 미리 받는 것으로 여기지 못하는 데 있지 않을까. 행복한 순간은 금방 잊어버리고 고통스러운 것만 기억하며 두고두고 세상이 불공평하다고 푸념하는 것 말이다.

멀리 넓게 보면 세상은 비교적 공평하다. 가까이 좁게 보면 더없이 불공평하다. 지나고 보면 세상 어떤 일도 흩어지고 사라지지 않는 것 없다. 하찮은 일에 집착하고 욕심을 부리다 보면 세상은 더욱 부당하고 불합리할 수밖에 없을 것이다. 성숙하지 못해 갖게 된 편견이 불공평이라면 결국 주어진 대로 살 뿐이며 뿌린 대로 거둘 뿐이다.

낙타풀

 어릴 때 기차와 바다를 무척 동경했다. 얼마나 길고 넓은지 두 눈으로 꼭 확인해보고 싶었다. 다행히 초등학교를 졸업하기 전 기차를 타고 먼바다에 닿아 기적처럼 끝없는 수평선을 바라볼 수 있었다.

 낙타와 사막은 어른이 된 내게 또 다른 기차, 바다였다. 작열하는 태양 아래 나무 한 그루 없는 뜨거운 모래 구릉이 풍경 전부라는 사실을 믿을 수 없었다. 등에 뿔 달린 낙타가 긴 그림자를 끌고 붉은 사막을 건너는 그림은 너무 완벽해서 더 아름다웠는지 모른다.

 드디어 고비사막이다. 그런데 상상하던 낭만의 모래사

막이 아니라 당황스럽다. 온통 거칠고 메마른 자갈밭이 끝도 없이 이어진다. 차를 타고 몇 시간을 달렸는데도 창밖은 여전히 제자리인 듯 그대로다. 변하는 것은 파란 하늘의 구름과 황량한 대지의 경계인 구불구불한 능선뿐이다. 거친 흙과 자갈이 모래를 대신하고 낙타 아닌 차가 달린다. 사람의 손길이 닿지 않은 황무지를 둘로 가르며 정복자처럼 서 있는 아스팔트 길이 신기루처럼 눈앞에 아른거린다.

변하지 않는 풍경에 지루하던 눈이 비로소 낙타풀에 멎는다. 풀을 뜯어 먹을 때마다 낙타 입에는 붉은 피가 흥건히 고인다고 하던가. 무엇이 이파리고 줄기인지 모르게 온통 날카롭고 뾰족하다. 넓은 잎맥은 진작 퇴화하고 날카로운 가시만 남았다. 상큼한 초록빛 대신 건조한 갈색빛이 부서질 듯 위태롭다. 멀리 있는 것들은 마치 낡은 수세미가 한 뭉치씩 굴러다니는 듯 거칠고 성글다. 메마른 땅에 뿌리내리기 위해 얼마나 버리고 버렸으면 저토록 날카로운 가시로 남은 것일까.

크게 무리 짓지 않고 띄엄띄엄 앉아 있는 모습이 매스게임하고 있는 팀 같기도 하고 군데군데 탈모가 진행된 대머리 같아 민망스럽기도 하다. 비어 있는 자리가 치명적인 무기로부터 서로를 지키기 위해 극한의 외로움도 감수하며 대치하고 있는 비무장지대 같아 안타깝다. 생존을 위해 무게를 줄였고 씹히지 않기 위해 기꺼이 가시가 된 풀. 다가갈 수도 다가오게 내버려 둘 수도 없으니 참으로 모질고 가혹한 운명이다.

험한 세상에서 믿을 수 있는 사람은 자신뿐이라며 보이지 않는 가시를 남몰래 가슴에 품곤 했다. 황막한 사막에 홀로 내던져진 낙타풀처럼 다가오면 찔러버리겠다는 듯 경계하고 밀어내고 의심했다. 하지만 날카로운 가시가 찌르고 있던 것은 세상이 아니라 바로 나 자신이었음을 뒤늦게 깨달았다. 줄곧 버스를 따라오던 낙타풀을 애써 외면한 것도 건조하고 삭막한 모습이 마치 나를 닮은 것 같아 차마 마주 볼 용기가 나지 않았기 때문이리라.

관계가 지나치게 가까우면 서로 찌르거나 찔릴 수 있다. 적당한 간격을 유지해야 상처를 주고받는 일도 줄일 수 있고 서로의 가시를 호시탐탐 경계하지 않아도 될 것이다. 하지만 선을 멀찍이 그어놓고 넘어가거나 넘어오는 것을 지나치게 조심하는 것도 문제 아닐까. 세상은 상처를 주고받으며 더불어 살아가는 곳이다. 가깝거나 멀기보다 적당한 거리를 찾아 인정을 서로 주고받아야 외롭지 않을 것이다.

멀리 건조한 바람이 빚은 흙빛 도시가 눈에 들어온다. 오래전부터 사막 일부였다는 듯 조금도 튀지 않는 자연스러운 빛깔이다. 환경과 잘 어우러진 마을이 고즈넉하고 평화롭다. 사람들조차 흙빛을 닮아 미소가 맑고 투박하다. 사막이 아름다운 이유는 어딘가에 오아시스가 감춰져 있기 때문이라고 어린 왕자는 말했다. 인간의 마을이야말로 거친 사막의 신기루 같은 오아시스 아니던가.

아직도 화해의 방법을 모색하기보다 가시를 세우는 쪽이 익숙하다. 점점 더 넓어지고 있는 황량한 나의 사막에도 촉촉한 단비 스며들 오아시스가 필요하다. 그곳에서 조금씩 날이 무뎌지고 벽을 허물고 있는 나를 발견하고 싶다. 우리 더는 황량한 사막을 넓히지 말자고 마을 길 끝에 서서 다시 한번 낙타풀을 돌아본다.

길

글자 '길'을 읽으면 길이 보인다.

곧게 직진하다가 중간지점에서 과감하게 경로가 바뀐 ㄱ길. 사람들을 따라 부지런히 앞만 보고 걷다가 갑자기 훤하게 뚫려 있는 옆길을 발견하고 홀로 우회한 듯한 흥미로운 길이다. 변화를 통해 좀 더 나은 삶이나 새로운 삶을 추구할 때 걷고 싶은 길 아닐까.

직장 생활하던 젊은 시절이었다. 상사가 먼 지방에 있는 공장지사로 전근을 가게 되었다. 그곳 직원들과 호흡이 잘 맞지 않았을까. 얼마 되지 않아 다시 합류해 또 뭉쳐보자고 제안했다. 거리도 꽤 멀었고 나이 어린 처녀가 객지에서 홀로 생활한다는 것도 쉽지 않은 때였다.

갑자기 익숙한 길을 벗어나 낯선 길로 경로를 바꾸라는 신호가 당황스러웠다. 원하지 않으면 가지 않아도 되는 길이었다. 하지만 더 나아질 것 없는 현실에서 벗어나 거듭나고 싶은 열망에 사로잡혔다. 새로운 환경에서 새롭게 시작하면 보잘것없던 과거도 깨끗하게 지워져 홀가분하게 새출발할 수 있을 것 같았다. 만류하던 가족과 친구들의 손을 뿌리치고 기어이 고속버스에 몸을 실었다.

새로운 경험이 적잖은 성취감을 안겨주기도 했지만 감당해야 할 무게 또한 만만치 않았다. 자신의 선택을 책임지기 위해 이를 악물지 않았다면 나는 원래의 자리로 되돌아가 또 다른 길을 걷고 있을지 모른다. 충동적으로 방향을 튼 탓에 겪지 않아도 될 일을 많이 겪었지만 그만큼 성숙하고 발전했으니 후회할 일은 아니다. ㄱ길은 신중하게 판단하고 충분히 준비한다면 젊을 때 한 번쯤 걸어볼 만한 매혹적인 길이다.

ㅣ길은 우회 없는 직진 인생이다. 많은 사람들이 가고 있거나 또 가고 싶은 평범하고 무난한 길이다. 말끔하고 시원해서 얼핏 쉬워 보이지만 의지 없이는 갈 수 없는 인내의 길이기도 하다. 험한 고개 앞에서도 섣불리 물러서지

않고 끝까지 완주해야 하는 성실의 길인 것이다.

　독신을 꿈꾸다 친구처럼 지내던 남자의 구혼에 못 이겨 결혼하게 되었다. 내 길이 아니다 싶으면 언제라도 되돌아가리라는 어리석은 마음을 품고 시작한 불안한 여정이었다. 짐작했던 것보다 길은 훨씬 더 험했다. 가시덤불투성이에 굽이굽이 고개뿐이고 가도 가도 끝은 보이지 않았다. 걸핏하면 이혼이라는 카드를 꺼내 들고 휘둘렀지만 상처는 늘 내 몫이었다.

　뒤돌아보지 않고 묵묵히 앞만 보고 걸어가는 사람들이 보이기 시작한 것은 오랜 시간이 지난 뒤였다. 그나마 수월하다고 여기던 길조차 포기한다면 어떤 길도 다시 걸을 수 없을 것 같아 마음을 다잡았다. ㅣ길은 말끔하게 닦아놓은 길을 한갓지게 걸어가는 게 아니라 고통을 참고 견디며 스스로 곧은길을 만들어가는 성실과 인내의 길이다.

　ㄹ길은 갈팡질팡하는 내 마음 길이다. 멈추어 있으면 불안해서 떠나야 하고 떠나면 또 아쉬워 뒤돌아본다. 기왕 나선 걸음 좀 더 부지런히 걷지 못한 것을 후회하기도 하고 게을러서 더 많은 길을 가지 않은 것이 안타깝기도 하다. 가면 안 되는 줄 알면서 발을 내밀었고 우물쭈물하다 가야만 하는 길을 놓쳐 애를 태웠다.

마음 길은 그야말로 마음먹기에 달렸다. 무모한 선택이든 확신 없는 선택이든 한번 마음먹은 이상 가는 데까지 가봐야 미련이 남지 않을 것이다. 잘못된 선택이라며 애써 보기도 전에 경로를 바꿔버리면 아쉬움에 언젠가 또 후회하게 될지 모른다. 기꺼이 내 삶으로 받아들여 견디며 즐기다 보면 어떤 선택도 탁월함으로 바꿀 수 있지 않을까.

마음을 다스리지 못해 갈팡질팡 헤매곤 한다. 과정보다 선택에 방점을 두는 탓이다. 선택은 늘 불안정할 수밖에 없다. 직접 가보지 않으면 과정도 결과도 알 수 없기 때문이다. 불안정한 선택을 안정된 것으로 바꾸는 힘이 마음 아닐까. ㄱ길을 갈 때처럼 무모하게 경로를 바꿨다 해도 ㅣ길을 가듯 인내와 성실을 발휘한다면 자유로운 영혼의 길인 ㄹ길이 꿈에 머물지만은 않을 것이다

떠나고 싶으면 떠나고 머물고 싶으면 머물 수 있는 길을 가고 싶다. 길이 막히면 멀리 둘러서 가고 길이 보이지 않으면 무심한 듯 돌아서도 그만이다. 목적지에 닿으려 하기보다 걷는 과정이 아름답고 내일보다 오늘이 더 행복한 길을 꿈꾼다. 가는 것만이 길이 아니라 멈춰 있는 것도 길이 될 수 있는 자유로운 영혼의 길을 가고 싶다.

어떤 꿈

 화려한 계절 탓일까. 머리만 감고 외출하려니 마뜩잖다. 한걸음에 목욕탕으로 달려가 김이 모락모락 나는 탕 속으로 뛰어들었다. 긴 겨울이 다 가도록 집에서 간단히 샤워만 하고 지냈다. 넓은 수조에 넘쳐나는 온수라니 얼마만의 사치고 호사인가.

 따뜻한 물속에 마냥 들앉아 있고만 싶다. 약속 때문에 억지로 탕에서 나오니 그새 사람이 많아져 주변이 도떼기시장 같다. 잡아두었던 자리도 유야무야 없어지고 목욕 가방도 멀리 밀쳐져 있다. 둘러보니 구석 쪽은 더러 자리가 비어 있다. 구석에 앉아 청승맞게 혼자 때 밀고 있는 모습

나도 싫다. 처음 자리를 그예 비집고 들앉아 숙제 같던 세신을 시작한다.

집안일로 손은 늘 물에 젖어 산다. 다른 곳은 몰라도 손만은 깨끗할 것 같은데 어찌 된 일인지 밀고 밀어도 끝이 없다. 손등이 벌게진 뒤에야 겨우 미련을 접고 한숨 돌릴 때였다. 웬 덩치 큰 여자가 비좁은 곳을 느닷없이 치고 들어와 앉으며 씩 웃는다. 나와 내 옆 사람은 그 여자로 인해 몸이 왼쪽과 오른쪽으로 갈라지며 휘청한다.

뜻밖이다. 무례를 당하면 불쾌해야 마땅한데 아무렇지 않으니 말이다. 불쾌하기는커녕 나와 내 옆 사람은 반대 방향으로 엉덩이를 조금씩 들썩거리며 그 여자에게 자리를 기꺼이 양보하고 있다. 옆 사람은 본래 마음 씀씀이가 너그러웠는지 모른다. 하지만 나는 평소 옹졸하고 소심한 편이다. 항의까지는 못해도 속으로나마 뒤틀린 심사를 다독이느라 혼자 씩씩거리며 투덜대야 마땅하다.

그러고 보니 전 같으면 복잡한 탕 주변은 일부러라도 피했을 것이다. 앉게 되더라도 미리 몸짓으로 쌀쌀맞게 울타리를 치며 경계했거나 애써 구석 자리를 찾아 혼자 찰박거렸을 테다. 그도 아니면 자리가 날 때까지 서서 기다리지 않았을까. 그런데 선호하던 구석 자리조차 굳이 마다하고 사람 많은 탕 주변을 선택한 것부터가 이상하다. 남의 무례에 조금도 폭폭해하지 않고 오히려 넉넉한 마음으로 함께 웃고 떠들고 있으니 무슨 조화인가.

가끔 목욕탕에서 배려심 부족한 자신을 탓한 적 있다. 노인의 등을 밀어드리겠다며 스스럼없이 나서는 사람, 청소부도 아닌데 하수구에 쌓인 머리카락을 맨손으로 텁석 걷어내는 사람, 말간 물이 줄줄 흐르는 것을 참지 못해 일일이 수도꼭지를 잠그며 돌아다니는 사람들을 보며 나는 왜 저 작은 선행조차 선뜻 실천하지 못하는가 싶어 자괴감에 빠지곤 했다. 그런 마음이 쌓이고 쌓여 내게도 작은 변화가 생긴 것일까.

덩치 큰 여자가 요구르트를 사다 우리에게 하나씩 건넨다. 끼어들어 미안하다는 말투가 공손하다. 우리는 환하게 웃으며 번갈아 괜찮다고 다독인다. 내가 변하니 상대방도 변하고 내가 친절하니 상대방도 친절한 것을. 처음 옆에 있던 여자가 집에서 끓여온 커피라며 또 보온병을 딴다. 마시지 않지만 마음 씀이 고마워 얼른 받아든다.

불면증도 잊은 채 컵을 입에 대려는 순간이었다. 조그만 컵 하나로 세 사람이 번갈아 가며 마셔도 정말 괜찮은 것일까. 밀집된 공간에서 마스크도 끼지 않은 채 얼굴 맞대고 수다까지 벌인 것은 더 큰일이다. 아니다. 그전에 사람 많은 대중목욕탕을 찾은 것부터가 미친 짓이다. 갑자기 눈앞이 깜깜하다. 덤벙대는 성격도 아닌데 어떻게 코로나를 깜박할 수 있단 말인가. 이미 엎질러진 물이라는 것을 깨닫고 머리를 마구 쥐어뜯다가 잠에서 깨었다.

눈을 뜨니 창밖 하늘이 훤하다. 날은 진작에 밝았고 날씨도 청명하다. 창문에 설치된 쇠창살이 눈에 거슬린다. 언뜻 독방에 수감 중인 죄수만 같다. 하늘을 올려다보니 아무 일도 없다는 듯 구름 한 점 없이 평화롭다. 갑자기 광장이 그립고 인파 속에 묻히고 싶고 자유분방함이 그립다. 친구들과 함께 아무 곳에나 마구 쏘다니고 싶다.

역병이 온 뒤로 벌써 두 번째 맞는 봄이다. 개인적이고 독자적이고 이기적이던 내가 비대면 시대를 겪으며 조금씩 거듭나고 있다. 나쁜 것이 올 때는 좋은 것도 함께 오는가 보다. 친구들과 마주 앉아 밥도 먹고 차도 마시며 어서 빨리 수다 삼매경에 흠뻑 취하고 싶다.

남자의 도시

 남자는 마산시 반월동 87번지에서 태어났다. 대문을 나서면 시집간 누나네 낮은 담장 너머로 무화과나무가 파랗게 넘실거렸다. 동네 한가운데 마당 넓은 집은 둘째 고모가 일찍이 터를 잡고 삼대를 거느렸다. 앞집과 뒷집은 고종사촌과 육촌 형님 댁이고, 골목 첫 집은 얼굴 고운 육촌 누나네였다. 시골이 아닌 도시에서 사돈에 팔촌까지 줄줄이 엮여 있었으니 세상에 이런 일이 따로 없을 유별난 동네였다.
 조그만 구들방 두 개 위로 일본식 다다미방 하나가 기우뚱 얹혀 있었다. 어린아이 서툰 그림처럼 삐뚤한 집을 남자는 상투를 틀도록 한 번도 벗어난 적이 없다. 한옥도 일식 가옥도 아닌 어정잡이 집을 등진 것은 결혼하고 일 년 뒤였다. 머리 굵어지면 넓고 큰 도시를 동경하게 마련이다. 집안 형편이 어려우면 철없이 가출을 꿈꾸기도 한다. 그런데 남자는 성인이 될 때까지 다른 도시는커녕 가까운 이웃 동네로조차 독립을 꿈꾸지 않았다. 아예 상상도 하지 않았을 것이다.

남자의 아내는 달랐다. 시집도 오기 전 벌써 세 개 도시나 거칠 만큼 새로운 환경과 변화에 익숙했다. 그녀는 탯줄 끊은 집과 분리불안을 겪는 남자의 팔을 잡고 골목을 탈출했다. 어린애같이 본가에 연연하는 남편이 여자는 답답했고 마실 왔던 듯 가볍게 자리를 털고 일어나는 아내가 남자도 낯설었다. 걸어 이십여 분 거리인 이웃 동네가 아니었다면 남자는 분가를 아예 포기했을지 모른다. 여자도 첫술에 배까지 부르길 바라지 않았다. 하늘과 땅 같던 차이를 극복하고 가까운 곳으로나마 분가한 것은 두 사람 모두에게 기적이었다.

시도가 어려웠지 막상 떠나보니 견딜 만했을까. 걸어 이십여 분 거리에서 차 타고 이삼십 분 거리로 재차 삼차 보금자리가 바뀌어도 남자는 이제 동요하지 않았다. 하긴 도시 밖만 아니면 무슨 대수랴. 합포만과 무학산이 손 뻗으면 닿을 듯 코앞에 있는데 말이다. 향수 서린 장소는 가까이 살아도 그리운 법이다. 남자는 걸핏하면 가포 앞바다로 산호공원으로 외가 일가가 살고 있던 만날재로 차를 몰았다. 본가와 본가 동네뿐만 아니라 도시도 함께 남자를 키운 것이다.

이웃 도시에 한창 개발 붐이 일었을 때다. 같은 생활권이어서 큰 불편 없이 오가던 상황이 이주를 부추겼을까. 주위 사람들은 물론 친척들마저 절반 넘게 붙박이 동네를 떠나고 말았다. 남자의 직장도 마침 그곳이었다. 이사만 하면 출퇴근 시간도 줄이고 더불어 집값까지 올라 일거양득일 터였다. 핑계 삼아 함께 옮기자고 여자가 애원했지만 남자는 절레절레 고개를 흔들며 끝내 자신의 도시를 고집했다.

고희를 바라보고 있어도 남자는 아직 세월 모른다. 여전히 깨복쟁이 친구들을 만나 어제처럼 오동동 술집을 가고 당구장을 배회한다. 초등학교 교가와 임진왜란 일어난 해를 쓸데없이 기억하고 있다고 아내에게 가끔 핀잔을 듣기도 한다. 떠난 사람에게는 그리움의 거리인 산복도로며 해안도로를 지금도 옛날처럼 누비고 있다. 구석구석 동네 이름이 적혀 있는 시내버스를 매일 바라보며 향수병 모르는 천진한 얼굴로 해맑게 웃고 산다. 길을 걸으면 동창이거나 어릴 적 함께 자란 동네 누나거나 먼 친척 아재 한 명쯤 꼭 만나게 되는 남자의 도시.

여자는 반세기 넘는 시간의 그림이 한 공간에만 집중된 남자의 역사가 신기하기만 하다. 자신은 코흘리개 적, 사춘기, 졸업 등 크고 작은 변곡점에 놓일 때마다 지역을 넘어서는 환경 변화를 꼭 겪었기 때문이다. 부모님 사정이 크긴 했으나 자신의 의지로 변화를 선택한 적도 여러 번이다. 이사 한번 하지 않을 만큼 기복 없는 남편의 생활도 믿을 수 없고 정체된 삶을 바꿔보려 애쓰지 않는 심사는 더욱 이해하기 어렵다.

정착된 삶은 안정되고 평온한 대신 십상 지루하고 심심하다. 하지만 무료함을 느낀다는 것은 현실에 만족하지 못한다는 뜻이기도 하다. 불만족을 모르고 진정 놀 줄 아는 사람만이 한곳에 오래 머무를 수 있을 것이다. 남자는 자신의 처지를 깊이 분석하지 않는다. 큰 고민 없이 주어진 삶에 만족한다는 의미다. 자신이 가장 좋아하는 놀이터 고향 도시만 곁에 있으면 남자는 평생 하품할 겨를이 없을 것이다.

꿀 도둑

"양이 적으니 혼자만 먹어."

남편이 자그마한 생수병에 담긴 꿀을 내민다. 텃밭 근처에 놓았던 벌통에서 거둔 첫 수확물이란다. 텃밭이라니. 손바닥만 한 밭뙈기 하나 만들어 놓고 제대로 돌보지 않아 척박하기 이를 데 없다. 그나마도 때맞춰 씨 뿌리지 않아 거의 빈 밭이다. 채소도 못 키우는데 벌통까지 갖다 놓고 꿀을 수확했다면 누가 믿을까. 양봉 좀 아는 사람이 곁에 있으니 거드는 척 구경만 하다 주는 대로 넙죽 받아왔지 싶다.

야트막한 산과 농가 몇 채가 근처에 있긴 하다. 그래도 백여 미터 앞 대로에는 차들이 제법 들락거린다. 길가에는 요양병원이며 식당들이 반 도시 풍경을 연출하고 있다. 대로에 연한 작은 사잇길로 들어서면 드문드문 모텔이며 공장까지 들어서 있어 환경은 더욱 산만하다. 조용하고 한가로운 전원에만 벌통을 놓는 줄 알았는데 신산한 곳에 귀한 꿀벌이 보금자리를 틀었다니 반갑기도 하고 걱정도 된다.

콩알만 한 애들이 종일 꿀 찾아 산과 들을 쏘다니는 모습이 눈앞에 아른거린다. 어찌저찌 너른 꽃밭을 발견했다 해도 꿀주머니에 담을 수 있는 양은 손톱만치도 안될 테다. 동료들을 데려와 함께 작업한다 해도 운반이라는 게 생각처럼 간단할 리 없다. 꿀을 나르기 위해 수없이 들락거려야 하는 일은 상상을 초월하는 고단함일 것이다. 가져온 꿀은 한 번 더 다른 벌들의 입을 거쳐야 한다. 뱉어낸 꿀에 수없이 날갯짓을 반복해야 비로소 끈적하고 달콤한 고체 상태의 먹이가 된다.

1kg의 꿀을 얻기 위해 벌들은 400만 송이가 넘는 꽃을 넘나든다고 하던가. 한 마리가 하루에 채취하는 꿀은 많아야 0.5g이라니 천일 이상 피땀 흘려야 남편이 가져다준 양만큼 겨우 수확할 수 있겠다. 이동 거리로는 무려 140만 km가 넘는다. 벌들의 꿀 모으기야말로 노동의 정수가 아

닐 수 없다. 먹이 활동은 생명 가진 것들의 숙명이다. 어떤 목숨도 그 무게가 가볍지 않겠지만 꿀벌의 꿀 찾기는 고행 중에서도 고행인 것 같아 더욱 무겁고 숭고하게 느껴진다.

인간의 먹이 활동 중 꿀벌의 고단함에 비견될 수 있는 것은 농사 아닐까. 쌀을 씻다가 무연히 작은 낟알에 경도되곤 한다. 조그만 알갱이들로 한 끼 해결하려면 몇 알이 필요한지. 그 몇 알을 위해 농부는 또 얼마나 많은 피땀을 흘려야 하는지. 거리나 횟수를 나타내는 숫자를 통해 꿀벌의 험난한 비행을 실감하듯, 깨알 같은 곡식의 낟알을 통해 농부의 수고 역시 꿀벌만큼이나 무겁다는 생각이 든다.

일 년 내내 흘린 땀의 무게는 누가 더하고 덜하지 않을 것이다. 꿀벌이든 농부든 힘겹게 얻은 식량인 만큼 귀하게 여기는 마음은 똑같을 테니 말이다. 하지만 농부는 땀의 대가를 받고 쌀을 내주지만 벌들은 아무 보상 없이 꿀을 빼앗긴다. 양질의 꿀은 모두 수탈당한 채 겨우내 멀건 설탕물이나 얻어먹으며 이제나저제나 꽃 피기만을 기다리지 않을까. 어렵사리 거둬들인 일 년 농사를 지주에게 다 넘겨주고 겨우 쥐꼬리만 한 양식 한 줌 받아드는 소작농처럼 허탈해할 벌들의 모습이 눈에 선하다.

꿀벌이 사라지고 있다는 흉흉한 소문이다. 꿀벌의 실종

은 꿀을 얻지 못하는 것에 그치지 않는다. 먹이사슬에 영향을 끼쳐 생태계가 파괴되면 인류 역시 꿀벌과 같은 처지가 된다는 끔찍한 예견이다. 양질의 꿀을 먹지 못하고 자란 벌은 면역력이 약해져 질병과 해충에 잘 대응하지 못한다. 기후변화나 서식지 파괴, 환경오염 등 꿀벌이 사라지고 있는 원인은 다양하겠지만 꿀을 빼앗겨 영양부족도 한몫 거드는 것 같아 꿀을 받아든 마음이 영 심란하다.

꿀은 달아서 별로 좋아하지도 않는데 혼자 다 먹으라며 생색을 내니 기가 찬다. 설령 좋아한대도 꿀 도둑은 아닌 것 같다. 벌들에겐 천금 같은 양식이라 없어선 안 되지만 우리는 꿀 아니라도 먹을거리가 사방천지에 널려 있다. 벌통에 꿀이 넘쳐도 손대지 않으면 다음 해엔 벌들이 알아서 저장량을 조절하지 않을까. 노동량이 줄면 벌들의 생육 조건도 개선돼 개체 수에 긍정적인 영향을 미칠 것이다.

우유와 달걀을 얻기 위해서는 소와 닭에게 사료도 제공해야 하고 인력도 필요하다. 하지만 꿀벌은 저희가 알아서 먹고 자라고 식물까지 거저 수정해주니 꿀벌만큼 이로운 동물도 없는 것 같다. 겨울이 와도 벌들이 설탕물 아닌 꿀을 먹을 수 있도록 넉넉히 남겨두라고, 아니 아예 손대지 않으믄 더 좋겠다고 남편 들으라는 듯 크게 중얼거린다.

빵 고르기

 제과점에 갈 때마다 고민한다. 식성이 까다로워 달면 금방 질리고 느끼하면 거북하다. 시식 없이 모양만 보고 빵을 고를 때는 더욱 고민이다. 먹음직스러운 모양에 속아 실망한 적도 많지만 그렇다고 빵을 포기하기도 아쉽다. 마땅한 종류를 만나기만 하면 입이 궁금할 때 빵만큼 유용한 간식도 없기 때문이다.
 단팥빵은 거의 실패하지 않는다. 단 것을 별로 반기지 않으면서도 팥을 좋아해서인지 달아도 싫은 줄 모른다. 시대가 바뀌어도 제과점이 달라도 모양과 맛은 고만고만해 쉽게 손이 간다. 문제는 제과점에 들어섰을 때 만만한 단팥빵을 외면하고 새로운 빵들 앞에서 서성거리는 것이다.

곱게 치장하고 눈과 혀를 유혹하는 빵들에 마음을 빼앗겨 단팥빵을 고르지 않은 걸 후회한 적이 한두 번 아니다.

　남편도 빵 고르듯 한 게 아닌가 하고 재밌는 상상을 해본다.

　원래는 익숙해서 입에 잘 맞는 단팥빵 같은 남자가 이상형이었다. 성격이나 가치관이 비슷하면 맛은 어떨까 하고 걱정하지 않아도 되기 때문이다. 그런데 남편은 맛을 전혀 알 수 없는 새로운 빵이었다. 나와 맞는 것이라곤 잠 많은 것 하나밖에 없는 남자의 프러포즈를 받는 순간 그만 새로움에 홀려 단팥빵은 까맣게 잊고 말았다.

　친정아버지 역시 친정어머니에게는 단팥빵이 아니었다. 아버지는 별것도 아닌 일에 불같이 화를 내고 돌아서면 언제 그랬냐는 듯 딴사람이었다. 반면 어머니는 옆에서 전쟁이 터진다 해도 눈 하나 꿈쩍하지 않을 만큼 차분했다. 스무 살 적 아버지가 할아버지 손에 이끌려 외갓집 대문간에 들어선 순간 열일곱 살 어머니는 단팥빵 같은 동네 총각들을 모두 마다하고 새로운 빵인 아버지를 선택했다.

　혼기가 한참 지난 딸도 마찬가지다. 어렸을 때는 단팥빵이 이상형이더니 다 자라고 보니 새로운 빵에 부쩍 관심이 간단다. 서로 다른 것을 인정하고 부족한 부분을 채워가며 발전된 관계로 나가겠다고 큰소리다. 소개팅이나 중매는 극구 사양하고 우연한 기회에 운명의 새로운 빵을 만나겠다고 잔뜩 벼르고 있다. 말릴 수도 없는 처지라 속을 끓이며 이제나저제나 눈치만 살피고 있다.

  스스로를 복제하는 무성생식이 암수가 있는 유성생식보다 번식률은 두 배나 높다고 한다. 그러나 사람을 포함한 절대다수의 생물은 무성생식이 아닌 유성생식을 선택했다. 스스로를 복제했을 때보다 암수가 만나 사랑을 했을 때 생존에 훨씬 유리한 개체가 만들어지기 때문이다. 번식률만 높고 생존율이 떨어지는 것은 개체 보존에 불리한 조건인 것이다.

  암수로 나뉜 데다 둘이 기질적으로 다르다면 생존율은 더욱 올라가지 않을까. 유성생식을 하는 생물이 동성 아닌 이성에 끌리도록 진화했다면 성향마저 다른 이성에게 관심이 가는 것 또한 자연스러운 과정이고 진화일 것이다. 그렇다면 3대에 걸친 빵 고르기는 자연 선택의 결과로 누구보다 환경에 잘 적응했다는 결론이다. 단팥빵 아닌 새로운 빵에 눈이 가는 것은 실수가 아닌 본능인 것이다.

  유럽의 어느 왕가는 자신들이 가진 재물을 다른 핏줄에 물려주지 않기 위해 근친혼을 선택했다. 여러 대를 거치면서 자손들은 수명이 짧아지거나 허약해지는 등 많은 부작용에 시달려야 했다. 서로 다른 유전인자가 섞여야 부족한 부분이 희석되고 채워질 텐데 근친혼으로 인해 나쁜 인자가 오히려 극대화된 까닭이다. 새로운 것을 적극적으로 받아들이는 자세야말로 현명하고 자연스러운 현상이 아닐까 싶다.

  빵은 맛있으면 다행이고 맛없으면 그만이다. 제과점에 가면 널린 게 빵이니 입에 맞는 빵으로 다시 고르면 된다. 요즘은 남편이나 아내를 마치 잘못 고른 빵인 듯 무르고 다시 새로운 빵에 어렵지 않게 도전한다. 더 나은 상대를 찾아 안정되고 이상적인 삶을 꾸리려는 열정을 누가 탓할까. 하지만 나는 세대가 세대인지라 믿다면서도 이내 마음 비우고 새로운 빵이려니 스스로 최면 걸며 살고 있다.

  단팥빵도 처음 나왔을 때는 새로운 빵이었다. 단팥빵인 줄 알고 골라도 살다 보면 새로운 빵이기 십상이다. 입에 잘 맞지 않는데도 천생 맛있다고 생각하며 자꾸 먹다 보면 새로운 빵도 단팥빵만큼이나 익숙하고 만만해진다. 익숙해지고 나면 잘못 선택했다며 후회하던 지난날조차 까맣게 잊고 애초 탁월한 선택을 한 것 같은 착각에 이르기도 한다. 어떤 선택도 책임은 스스로 지는 것이다.

오전 일곱 시
―에드워드 호퍼의 그림 제목

 무심하던 걸음이 멈칫한다. 몸은 멈췄는데 마음은 성큼성큼 다가선다. 좋아하는 화가도 그림도 아니다. 국내 처음 전시라는 말에 숙제 삼아 애써 찾은 길일 뿐이다. 평소 화려한 색채를 좋아하건만 무채색에 가까울 만큼 덤덤한 빛깔에 왜 끌리는 것일까. 빨려 들어간다는 표현은 바로 이런 때 하는 것이리라.
 그림의 3분의 2를 차지하고 있는 것은 어느 상점의 투명한 유리 통창이다. 나머지는 어둠이 채 걷히지 않은 진녹색 숲이 전부다. 작가는 정면을 약간 비켜서서 상점과 숲을 비스듬히 클로즈업하고 있다. 진열장 안에 걸려 있는 우드 벽시계가 포인트일까. 크지 않은 소품이 상하좌우 어디서든 화폭의 중심 자리다. 아침 햇살을 받아 흰 벽에 옆은 그림자를 길게 드리우고 시곗바늘은 일곱 시를 가리키고 있다.

아날로그 벽시계는 오전, 오후를 구분하지 않는다. 제목이 아니면 저녁 일곱 시래도 상관없으리라. 그림자가 긴 사선인 것은 해가 눈높이에 머물고 있기 때문이다. 뜨는 해인지 지는 해인지 가늠할 수 없다. 상점 건물이 밝고 투명한 것과 달리 숲은 아직 여명에 갇혀 있다. 안쪽은 어둡고 겉 부분만 조금 희뿌옇다. 여명이 아니라면 숲은 일찌감치 잠자리에 들었는지 모른다.

어느 날 해 질 무렵 귀갓길이었다. 불투명한 격자 유리문에 '찐빵집'이라고 붉게 쓰인 길모퉁이 상점이 여태도 기억에 선명하다. 듬성듬성 페인트 벗겨진 초라한 미장센이 한없이 애처로웠지만 따뜻한 노을빛 때문이었을까. 오늘 하루 주어진 몫이 턱없이 부족해도 노부부는 밀레의 만종처럼 틀림없이 두 손 모으고 감사기도 드리고 있으리라. 세상에서 가장 고요하고 평화로운 저녁 풍경이었다.

또 언젠가 귀갓길이었다. 날은 이미 어두웠다. 신호에 걸려 발은 브레이크에 손은 운전대에 얹혀 있었다. 시나브로 바깥을 떠돌던 시선이 가구 소품집 앞에서 우뚝 멈추었다. 궁색과는 거리 먼 화려한 도시 상점에 무슨 연민 가지

랴. 하지만 꺼진 듯 꺼지지 않은 희미한 전등불이 숨 가쁘게 몰아내고 있던 불안과 고독의 빛을 잊을 수 없다. 신호가 끝나도 자동차는 선뜻 앞으로 나가지 못했다.

에드워드 호퍼의 그림에는 그런 인공광과 자연광이 번갈아 등장한다. 어두운 방에서 창으로 들어오는 햇빛에 전라의 몸을 비추고 서 있는 〈햇빛 속의 여인〉. 자연광은 어떤 과거도 깨끗이 지워버리고 새출발이 가능하도록 희망을 부추기는 듯하다. 〈밤의 창문〉은 전등불이 환하게 켜진 호텔방 안을 조명하고 있다. 분홍색 속옷을 입은 여인의 엉덩이가 욕망에 이끌린 초상처럼 인공 불빛에 위태롭게 흔들리는 느낌이다.

〈오전 일곱 시〉는 투명한 햇빛이 상점 가득 비추고 있다. 가구 소품집처럼 외관은 번듯해도 전혀 불안하거나 쓸쓸하지 않다. 찐빵집처럼 손님 하나 없어도 고요하고 평화롭기만 하다. 사람 한 명 보이지 않는데도 사람이 가득 느껴진다. 금발 머리 노부부가 탁자에 마주 앉아 따뜻한 커피 마시며 느긋한 미소로 오늘 하루를 또 여유롭게 시작하지 않을까. 밝은 햇빛이 가슴 가득 쏟아지는 따뜻한 그림이다.

호퍼는 재즈 전성시대와 대공황 그리고 제2차 세계대전

이후 미국의 빠른 경제 성장 시대를 겪은 화가다. 평소 말수도 교류도 적었다. 그래서일까. 현대화되어 가는 시대의 겉모습이 아니라 고독이나 소외 또는 욕망과 좌절 같은 주로 인간의 감정을 표현하는데 탁월했다고 한다. "말로 할 수 있다면 그림을 그릴 이유가 없다."고 했다던가. 사진 같은 사실화에서 영적 힘이 느껴지는 연유가 거기 있는 듯하다.

다른 그림 놔두고 하필 〈오전 일곱 시〉에 꽂힌 까닭도 그 때문이다. 형태나 빛에 대한 피상적이고 일반적인 감상과는 다른 묵직한 존재감이 그림을 보자마자 압도했다. 형상이 들어온 뒤 심상이 생긴 게 아니라 알 수 없는 느낌에 먼저 사로잡힌 뒤 이어 형태가 눈에 들어온 것이다. 마치 호퍼의 영혼이 그림 속에 깃들어 있다가 지나는 나를 덥석 붙잡아 세운 것 같아 소름마저 돋는다.

기념품점으로 향한다. 마그넷은 없고 엽서만 있다. 엽서를 받아들며 흠칫 놀란다. 묵직하던 〈오전 일곱 시〉의 존재감은 흔적도 없고 무정하기 짝이 없는 평범한 그림이 손바닥 위에 덩그러니 얹혀 있다. 인쇄물 아닌 실물을 꼭 감상해야 하는 이유를 절감하며 다시 못 볼 아쉬움에 느려진 걸음으로 타박타박 미술관 문을 나선다.

된장국

 딸아이가 보행기를 타던 무렵이다. 엄마가 된장국에 밥 한술 말아 후루룩 들이켜는 모습이 먹음직스러웠을까. 쏜살같이 보행기를 밀고 와서는 제 입에도 떠 넣으라고 성화였다. 장난삼아 한술 입에 대주었더니 맵다고 울기는커녕 단숨에 꿀꺽하고는 더 달라고 보채지 않는가. 어른이 된 지금도 딸은 맵싸한 된장국을 사흘이 멀다 하고 찾곤 한다.

 나는 걸쭉하고 진한 찌개보다 맑은국을 좋아한다. 예나 지금이나 넉넉히 푼 국에 밥은 조금만 말아 훌훌 마시면 막혔던 가슴도 뚫리는 듯 시원하고 개운하다. 조급했던 마음도 이내 여유를 되찾아 넉넉하고 편안해진다. 내 어릴 적 어머니 국은 철 따라 재료 따라 종류도 다양했고 맛도 일품이었다. 그 많은 국 중 지금껏 한결같이 내 정신을 지배하고 있는 것은 누가 뭐래도 된장국이다.

텁텁한 쌀뜨물에 항아리에서 갓 퍼낸 생된장을 풀어 넣으면 국물에서 드문드문 쌀겨 부스러기가 떠오르던 시절. 그 국물에 갖가지 채소를 넣고 담백하게 끓여낸 된장국이야말로 어머니에게서 내게로 또 딸에게로 대물림되고 있는 소중한 먹거리 유산이 아닐 수 없다. 시금치, 아욱, 배추, 근대, 시래기, 쑥, 냉이. 어떤 채소로든 어머니가 뚝딱 끓여내기만 하면 그 된장국은 틀림없이 내 입에 찰떡이었다.

시금치와 된장만큼 천생연분인 궁합도 없을 것이다. 들큰한 시금치가 구수한 된장과 만나 부드럽게 중화된 맛은 나를 한없이 순하게 만든다. 재료 구하기도 쉽고 끓이기는 더욱 쉽다. 쌀뜨물에 된장과 멸치를 넣고 국물을 우려낸 뒤 시금치와 대파를 넣어 한소끔 끓여내면 조리 끝이다. 재료도 흔하고 요리법까지 간단한데도 내 입에는 세상에서 시금칫국보다 맛있는 음식은 또 없는 듯하다.

마른 새우가 들어간 아욱 된장국은 맛이 절묘하다. 생새

우였다면 강한 바다 내음이 아욱의 은근한 향을 해쳤을지 모른다. 경박한 체취를 모두 증발시킨 뒤 깊고 은은한 맛으로 환생한 마른 새우가 된장과 아욱을 만난 것은 신의 한 수다. 미끈미끈한 아욱과 까칠한 새우라는 상반된 조합이 빚어낸 맛은 먹을수록 귀하고 신선하다.

 된장을 연하게 풀어 끓인 냉이와 쑥국에는 고향의 봄이 가득하다. 시냇물 졸졸 흐르고 담벼락에 햇볕 가득 쏟아지던 어린 날의 봄이 된장국을 따라 숱하게 되돌아오곤 한다. 겨울 끝 무렵이면 투박한 바지를 철없이 벗어 던지고 얇은 봄 치마로 서둘러 갈아입곤 했다. 하얀 다리를 오돌오돌 떨며 쑥과 냉이를 캐 자랑스럽게 내밀면 어머니는 나물 반 잡풀 반인 바구니를 받아 부뚜막에 대수롭지 않게 던져버리곤 했다.

 서리가 하얗게 내린 날 어머니는 내게 뜨끈한 배춧국을 끓여주셨던 것일까. 삼삼하고 시원한 배춧국을 먹으면 첫서리 내려앉은 빈 들녘이 눈앞에 아른거린다. 잘려 나간 볏 뿌리가 드문드문 박혀 있는 빈 논바닥은 겨우내 얼었다 녹기를 반복했다. 질척거리는 바닥을 나그네가 밟고 지나가면 밤새 추위에 얼어붙어 아침이면 발자국 모양이 더욱 선명했다. 어린 가슴에 쓸쓸한 오브제로 남은 삶의 궤적이

배추 된장국을 먹을 때마다 아슴아슴 되살아나곤 한다.

  좋아하는 칼국수도 건더기만 풍족하면 국물은 거의 먹지 않는다. 라면은 아무리 양이 차지 않아도 면만 먹는다. 물김치도 좋아하지 않는 편이고 과일도 주스로 변하면 달갑지 않다. 그런 내가 국은 종류를 마다하지 않고 두루 찾으니 입맛이 별스럽다고 언니 오빠들에게 걸핏하면 핀잔을 듣곤 했다. 그릇에 남아 있는 마지막 된장 국물 한 방울까지 다 들이켜고서야 완벽한 식사를 한 듯 흡족하다.

  허기가 지면 기다렸다는 듯 된장국을 끓인다. 큰 대접에 밥 한 그릇 말아 후루룩 먹고 나면 온몸이 뜨거운 포만감으로 가득 채워진다. 조급했던 마음도 어느새 차분해지고 생활의 비탈에도 일순 평화가 찾아온다. 몸이 만족하니 마음도 넉넉한 것이다. 나에게 있어 소박한 된장국 한 그릇은 돌아가신 어머니 사랑이나 진배없다. 한없이 넓고 깊은 맛을 품은 된장국을 먹으니 오늘따라 어머니 품이 더욱 그립다.

균형 잃다

한때 노동 없는 삶을 최고의 행복조건으로 여겼다. 매일 영화 보고 책 읽고 간혹 글쓰기나 하며 사는 게 꿈이었다. 몸 움직이기보다 마음 활동이 더 재밌고 흥미로웠다. 좋아하는 방향으로 가고자 하는 것은 자연스러운 욕구일 테다. 하지만 무게를 재려는 물건보다 추가 턱없이 무거우면 대저울은 기울다 못해 아예 허물어진다.

아파트 생활을 시작한 것은 30대 초반 무렵이다. 주택 이 층에서 세 살, 다섯 살 아이 둘 키우며 시난고난하다가 아파트라는 새 문물을 접하니 신세계가 따로 없었다. 눈만 뜨면 마당 없는 이층집을 벗어나겠다고 가파른 계단을 통해 목숨 걸고 탈출을 시도하던 아이들. 어린 탈주범들 잡아들인다고 허구한 날 몸살을 하다가, 이중 삼중으로 잠긴 아파트 현관문을 뚫지 못하는 것을 보고 얼마나 통쾌했던지.

  손품 발품 줄이는 데 청소기, 세탁기 도움도 어지간했다. 하지만 아파트만큼 몸 쓰기를 혁신적으로 줄여준 발명품도 아마 없을 것이다. 주택은 창문 죄 걸어 잠그고 현관은 물론 대문까지 단속한 뒤에야 겨우 외출하거나 잠들 수 있다. 아파트는 묵직한 현관문 하나 철컥 잠가버리면 그만이다. 몸이 열 개라도 부족할 때 소소한 동선이나마 줄여 번거로움을 차단해주니 그보다 신통한 구세주가 또 없던 것이다.

  올해로 38년째. 피곤했던 이유 거의 전부를 차지하던 두 아이가 성인이 되어 분가한 지도 까마득하다. 아파트를 숭배하던 때가 언제였던가 싶게 몸 쓸 일 절로 줄어 힘들 것 하나 없는 무기력한 일상의 연속이다. 가사에서도 벗어나고 빈둥거릴 수 있는 여유까지 생겼으니 드디어 꿈을 이룬 것이다. 하지만 운신의 폭이 좁은 집을 매일 탈출하려던 아이들 심정이 이랬을까. 하루빨리 감옥 같은 아파트를 벗어나 몸을 좀 더 움직일 수 있는 곳에서 사는 게 소원이니 말이다.

 아침에 눈 뜨면 신발 추려 신고 현관문 먼저 나서고 싶다. 땅을 딛고 서서 숨 한번 크게 쉰 뒤 화단에 쭈그려 앉아 잡초라도 뽑으련다. 햇살에 이불 활짝 널었다가 소나기 퍼부으면 헐레벌떡 뛰어나가 빨래도 걷고 장독 뚜껑도 덮어야지. 엘리베이터 타지 않고 내 집 내 발로 자유롭게 드나들 테다. 세수도 거른 채 흙 묻은 옷 그대로 이웃집 마실 가도 너나없는 모습일 테니 조금도 부끄럽지 않을 것이다.

 요즘 도시 주택들은 깨끗하고 편리하기가 아파트 못지않다. 주택이나 아파트나 거기서 거기라면 전원생활이 답이다. 최소한의 공간만 갖춘 소박한 집 한 채와 작은 텃밭 하나면 족하지 않을까. 아무리 몸 쓰는 일이 그립고 아쉬운 처지라 해도 타고난 게으름과 무능을 어쩔 수 없다. 내 입으로 들어가는 채소나 조금 가꾸며 틈틈이 봉숭아, 채송화꽃 피울 수 있으면 더는 바랄 것 없으리.

 가사노동을 벗고 여유로운 시간 가지는 게 꿈이었다. 그런데 막상 그 시간에 닿으니 몸이 몇 개라도 부족했던 때를 자꾸 뒤돌아보게 된다. 지나치게 바쁘거나 한가하면 반대 상황이 아쉽고 그리울 수밖에 없을 것이다. 하지만 정신과 육체는 서로를 끊임없이 견제하며 자신의 영역을 조금도 허락하지 않는다. 일과 여유 어느 한쪽이 무겁거나 가벼우면 끝내 균형을 잃고 허우적거리다 넘어질 수밖에 없는 것이다.

헨리 데이비드 소로가 월든 호숫가에서 자급자족적 삶을 실천했을 때 나이가 스물여덟이었다. 하버드대를 졸업한 인재였으나 세속적 성공보다 측량이나 목수일 같은 정직한 육체노동을 더 선호했다고 한다. 강의며 읽고 쓰는 등 정신 활동도 소홀히 하지 않았다. 젊은 나이에 한쪽으로 치우치지 않은 균형 있는 삶을 추구했기에 백 년 훨씬 넘은 지금까지도 지혜의 표상으로 존경받고 있는 게 아닌가 싶다.

몸 움직이는 게 여전히 번거로운 편이다. 열심히 아파트 탓을 해보지만 사실 게으른 성정에 더 큰 영향을 받는 게 분명하다. 자신을 이기지 못하면 아무리 환경이 바뀌어도 지금과 크게 다르지 않을 것이다. 소로처럼 편한 일 마다하고 일부러 몸 쓰는 쪽을 선택하진 못하겠지만 볼썽사납게 한쪽으로 허물어진 모습은 경계해야 할 것이다. 균형을 잃으면 몸과 마음의 건강 모두 잃는 것이다.

반사적 광영

 학창시절 교과서에 실렸던 문학 작품들을 기억한다. 평범한 소재로 주제를 선명히 드러내고 그러면서도 문학적 감성은 뛰어났던 작품들을 잊을 수 없다. 〈나의 사랑하는 생활〉, 〈소나기〉, 〈청춘 예찬〉, 〈마지막 수업〉 등…. 어렵지 않은 낱말들로 물처럼 자연스럽게 흐르던 피천득 선생님의 수필을 특히 좋아했다.
 피천득 선생님께서는 문학계와 평생 거리를 두고 사신 것으로 유명하다. 어느 날 갑자기 그런 선생님께서 수필 행사장에 나타나셨던가 보다. 처음 있는 일이어서 당황스러웠지만 주최 측은 서둘러 자리를 마련하고 축사를 부탁

드렸다. 그런데 어찌 된 일인지 손수 걸음 하시고서도 묵묵부답 아무 말씀이 없으셨다고 한다. 초조하고 진땀 나는 시간이 한참 흐른 뒤에야, '나는 수필가 정목일 씨를 만나러 왔을 뿐이오!'라고 한마디 하시고서는 더는 어떤 말도 하지 않았다는 전설 같은 일화를 들었다.

  정목일 선생님은 수필 등단 공식 1호고 한국문인협회 수필분과 이사장을 지낸 분이다. 헤아릴 수 없이 많은 수필집을 발간하였으며 수많은 제자에게 수필 쓰기는 마음공부라고 가르친 맑고 깨끗한 분이다. 문단 활동을 전혀 하지 않은 것은 물론 제자도 아예 키우지 않았던 피천득 선생님과는 아주 대조적이다. 위 전설 같은 일화가 있은 후 정목일 선생님은 피천득 선생님의 유일한 제자가 되었다.

  정목일 선생님은 나의 스승님이기도 하다. 30여 년 전 선생님 수필교실에 합류하며 인연이 되었다. 무식하면 용감하다고 등록하는 날까지도 나는 어떤 분인지 전혀 모르고 있었다. 수필 한 편은커녕 문장 한 줄도 제대로 못 쓰던 천둥벌거숭이였다. 피천득 선생님과 함께 수필계 거목인 것을 알게 된 후에는 부끄러워 차마 얼굴도 못 들었다. 그래도 선생님께서는 부족한 나를 외면하지 않고 따뜻한 격려와 가르침으로 살뜰하게 보듬어주셨다.

정목일 선생님 손에 이끌려 피천득 선생님 댁에 갔던 일은 내겐 기록할 만한 큰 사건이다. 선생님을 직접 찾아뵙는 경험이 새내기들에겐 큰 자극이 되리라 믿으셨을 것이다. 교과서에서나 뵐 수 있었던 선망의 어른을 직접 대면한다는 것은 꿈같은 일이고 더할 수 없는 영광이었다.

 선생님께서 돌아가시기 전까지 거주하셨던 반포아파트였다. 오래된 집이었지만 정갈하고 아늑했다. 거실 벽에는 서예 액자며 족자 몇 개가 소박하게 걸려 있었고 그 벽 아래 보료 위에 체구가 작은 선생님께서 그림처럼 앉아계셨다. 앉은뱅이책상 대신 직사각형의 커다란 체리 색 밥상이 선생님 무릎 앞에 놓여 있었다. 상 모서리에 얹혀 있던 낡은 책 두어 권과 창가에 놓인 관음죽 화분 그리고 선비처럼 정갈하게 앉아계신 선생님 모습은 나무랄 데 없는 완벽한 그림 같았다.

 서재에는 키 작은 삼단 나무 책꽂이 하나가 전부였다. 책은 백 권도 채 되지 않는 것 같았다. 그나마도 글씨가 보이지 않을 만큼 낡아 무슨 책들인지 가늠하기 어려웠다. 서지적 가치나 사연 있는 책만 몇 권 남겨 두신 듯했다. 수많은 책이 쌓여 있으리라 기대했다가 청빈한 옛 선비의 사랑방처럼 말끔하고 소박한 서재를 보고 내심 많이 놀랐다.

맑고 깨끗한 서재가 한동안 머릿속에서 떠나지 않았다.

피천득 선생님은 생활의 정조를 기교 없이 단순하게 쓰고자 노력하셨다. 관념적인 글은 배제하고 작고 여린 것을 소중히 여겼으며 어른과 아이가 함께 읽을 수 있는 쉬운 문장을 지향했다. 여성과 어린아이, 자연을 주제로 한 글을 특히 좋아하셨다. 꾸밈없고 욕심 없는 집안 풍경이 선생님 글과 쏙 빼닮아 글과 인격이 일치함을 목도한 순간이었다. 어린아이같이 해맑게 맞아주시던 선생님 얼굴을 지금도 잊을 수 없다.

우리 집 거실 탁자 유리 밑에는 특별한 사진 한 장이 깔려 있다. 피천득 선생님께서 내게 주실 책 《어린 벗에게》에 사인 중이시고 정목일 선생님과 나는 옆에서 그 광경을 가만히 바라보고 있는 사진이다. 선생님 댁에 방문했을 때 찍은 것인데 문학을 모르는 사람도 사진을 보면 단박에 피천득 선생님을 알아본다. 남편이 대놓고 자랑하는 거 같다고 이제 그만 치우자 해도 나는 못 들은 척 딴청을 부리곤 한다.

'사람은 저 잘난 맛에 산다지만, 사실 대부분의 사람들은 남 잘난 맛에 산다. 이 반사적 광영이 없다면 사는 기쁨은 설반이나 감소될 것이다.' 피천득 선생님의 수필 〈반사적 광영〉의 마지막 부분이다. 나는 두 분 선생님의 반사적 광영에 힘입어 수필의 잔잔하고 진솔한 맛을 누리고 사는 사람 중 하나임이 퍽 자랑스럽고 뿌듯하다.

PART 3

껌 드릴까예

쇳대를 찾아서 • 순례 • 발매트 이야기 • 껌 드릴까예 • 그림 두 점 • 오빠 • 오동 동 들깨 칼국수 • 예순과 일흔 • 미더덕 • 우리 동네 개와 고양이 • 일곱 살의 눈 불 • 알고리즘의 습격

쇳대를 찾아서

대학로 근처를 지나다 '쇳대박물관'을 발견했다. 온통 철재로 지어진 직사각형 건물이다. 빨갛게 녹슨 커다란 쇳덩어리가 시멘트에 익숙한 눈에는 퍽 비현실적이다. 고향에서는 열쇠와 자물쇠 구분 없이 모두 쇳대라고 불렀다. 고향을 떠나면서 까맣게 잊고 지냈는데 그립던 친구를 만난 듯 반가워 걸음을 멈춘다.

아버지 일터에는 잘려 나간 쇳조각들이 넝마처럼 이리저리 나뒹굴고 있었다. 혹여 쓸 만한 물건이라도 있을까 지날 때마다 툭툭 발길질하며 매의 눈으로 뒤적거리곤 했다. 어느 날 고물 틈에서 유난히 반짝거리는 자물쇠 하나를 발견했다. 열쇠를 잃어 어른들에게는 쓸모없는 것이지만 내 눈에는 귀한 보배 같아 얼른 주워 바지 주머니에 집어넣었다.

세상을 향해 조금씩 서툰 걸음마를 내딛던 때였다. 또래보다 늦된 나는 크고 단단한 알껍데기를 깨고 나오기가 무척 두려웠다. 혼자 먼 우체국을 찾아가 편지를 부치고 다시 되돌아오는 심부름이 내겐 얼마나 무섭고 공포스러운 일이었던가. 틈이 날 때마다 양지쪽에 앉아 가는 나뭇가지를 들고 자물쇠와 씨름했다. 친구들처럼 밝고 당당하고 싶었다. 하지만 잘 열리지 않던 자물쇠처럼 나의 유년 시절도 깊은 골방에 홀로 유폐된 듯 한없이 외롭고 갑갑하기만 했다.

박물관에 들어서니 실내가 깜깜하다. 쇳대가 들어 있는 유리 진열장만 집중적으로 조명을 비추고 있다. 어둠에 익숙해지니 차츰 쇳대들이 눈에 들어온다. 여러 광물이 뒤섞인 쇳덩어리를 대충 주물러놓은 듯 마감이 거칠고 투박하다. 왕실뿐만 아니라 일반 사대부까지 쓸 수 있게 되면서부터 형식은 더욱 순박하고 단순해졌다고 한다. 자물쇠는 본래 귀중한 물건을 지켜내는 장치다. 손대지 말라는 경고만으로도 충분하다는 듯 모양새가 마치 어린아이 장난감처럼 어수룩하다.

아랫부분이 둥근 원통형, 열쇠 구멍 부분이 볼록한 함박형, 동물이나 사물 형상으로 된 물상형 등 오래된 골동품이 대부분이다. 동서양을 막론하고 쇳대에 동물 형상이 많은 것은 복과 행운을 불러들이고 들어온 재물을 잘 지켜달라는 기원을 담고 있기 때문이란다. 보물 여기 있으니 어서 훔쳐 가시오 하듯 미덥지 않은 기능과 달리 꽃이나 글자 문양이 고풍스럽게 새겨져 있어 선인들의 장인문화가 볼수록 아름답다. 어수룩한 기능과 달리 외형을 다룬 솜씨는 꼼꼼하고 섬세하다.

박물관이라고 이름 붙인 것과 어울리지 않게 내 어릴 적 가지고 놀던 쇳대는 흔적조차 찾을 수 없다. 지금 시대면 그 쇳대들도 골동품에 가까울 것이다. 그런데 다리 아프게 돌아다닐 것 없는 아담한 공간에 오래된 쇳대들만 보물처럼 모셔져 있어 아쉽다. 다른 나라 쇳대들까지 버젓이 전시해 놓았으면서 정작 기대했던 우리 자물쇠의 시대적 변천사는 볼 수 없으니 안타깝고 실망스럽기도 하다.

지문이나 홍채 인식과 같은 첨단의 장치와 비교하면 옛 쇳대들은 순박하기 이를 데 없다. 삶도 저렇듯 손에 잡히고 눈에 띌 만큼 분명한 것이라면 풀지 못할 숙제 또한 없을 것이다. 하지만 인생이라는 자물쇠는 어떤 쇳대보다 교묘하고 정교하다. 장난기 많은 신이 아예 찾지 못하게 열쇠를 꼭꼭 감춰버렸거나 애초 열 수 없도록 자물쇠를 복잡하게 설계했는지 모른다. 그렇다면 일류 기술자가 온다 해도 결코 쉽게 열 수 없는 게 인생이라는 쇳대 아닐까.

　마음먹기에 따라 삶은 복잡하기도 하고 때론 단순하기도 하다. 세상을 복잡한 눈으로 바라보면 한없이 무겁고 단순하게 생각하면 턱없이 가볍다. 내게서 비롯된 문제라면 해결 역시 자신이 책임져야 하는 것이다. 아무리 복잡하고 무거운 짐도 기꺼이 받아들이면 점차 견딜 수 있을 만큼 가볍고 단순해짐을 느낀다. 복잡함을 단순함으로 무거움을 가벼움으로 만드는 마법의 열쇠는 결국 자신일 것이다.

　박물관에서 나오니 벌써 해가 지고 있다. 살다 보면 애쓰지 않아도 저절로 열릴 때가 있고 건드리지 않았는데도 예기치 않게 닫힐 때가 있다. 열었는지 못 열었는지 기억나지 않는 어릴 적 그 자물쇠처럼 열린 시간도 닫힌 시간도 내겐 똑같이 귀하고 소중한 삶이다.

순례

 아침이면 새 공기가 그리워 습관처럼 베란다로 향한다. 거실 문을 여니 기다렸다는 듯 새초롬한 얼굴들이 고개 들어 방싯거린다. 먼 산으로 향하던 눈을 거둬 초롱초롱한 다육이들 앞에 쪼그려 앉는다.
 게으른 내게 입양 와서도 한동안 빛을 잃지 않고 생생하던 아이들이다. 어느덧 친모의 손길이 그리웠을까. 점점 살이 빠지고 삐죽하니 키만 커 양모를 당황케 하더니 마침내 낯선 환경을 극복하고 늠름하게 자리 잡아 기특하고 대견하다. 종일 그늘뿐이고 어쩌다 말간 물 한번 얻어먹는 게 전부인데도 아무렇지 않다는 듯 늘 생글생글 웃고 있다. 이파리 하나가 토양도 물도 없는 타일 바닥에 떨어져 앙증맞은 싹을 또 틔워놓았다. 화분 위에 얹어만 주면 별다른 손길 없어도 씩씩하게 잘 자랄 것이다. 청빈하면서도 건강한 생명력을 지닌 다육이를 경배한다.

  베란다에서 들어오다 거실 책장과 마주친다. 가지런히 꽂혀 있는 책들을 보니 민망하다. 제대로 읽은 것은 반도 채 안 되는데 마치 독파라도 한 듯 번듯이 꽂혀 있다. 바닥에 산더미처럼 쌓여 있는 책들 역시 욕심 많은 스크루지 영감을 떠오르게 한다. 하지만 오다가다 제목만 읽어도 본전이다. 읽은 것은 내용이 아슴푸레 떠올라 감동이고 미처 못 읽은 것들은 상상만으로도 가슴 두근거린다. 날 잡아 몽땅 배출하려던 생각을 접고 늘어져 있던 책들을 정리한다. 더 늙고 외로워지면 죽은 듯 책 속에 묻혀도 좋으리라. 늙은이에게 책만큼 유용한 벗도 없을 것이다.

  현관으로 간다. 간밤에 들어오면서 급하게 벗어 던진 신발 하나가 밤새 물구나무를 서 있었나 보다. 부지런한 주인 탓에 남편 구두는 한가하게 신발장 안에 들앉아 있을 겨를 없다. 일도 열정적으로 잘하지만 노는 것도 빠지지 않아 어디든 밟고 돌아다녀야 직성이 풀린다. 주인이 잘 때조차 편히 쉬지 못한 구두를 데려다 가지런히 짝을 맞춘다. 산 지 얼마 되지 않았는데 벌써 오른쪽 굽이 기우뚱하고 가죽도 쭈글쭈글하다.

　남편 구두가 머슴이면 내 신발은 안방마님이다. 정해진 바깥일도 없고 나돌아다니는 것도 즐기지 않는 편이다. 한번 산 신발은 싫증이 나 일부러 버리지 않는 한 낡아서 퇴출당하는 경우는 거의 없다. 그걸 자랑이라고 가족이라는 무거운 짐을 지고 있는 남편에게 신발 험하게 신는다고 눈을 흘기곤 했다. 오늘따라 깨끗한 내 신발이 눈에 거슬린다.

　거실로 돌아와 긴 의자에 드러누워 라디오를 켠다. 침대로 돌아가면 게으름뱅이 같아 그나마 의자를 택한다. 여행하며 기념으로 구매한 손가락만 한 인형들이 눈에 들어온다. 작은 애들도 모아놓으니 제법 자리를 차지한다. 저렇게 많은 곳을 돌아다니며 무엇을 보고 배웠을까. 부질없이 남 따라 어울렁더울렁 시간 낭비만 한 것 같아 얼굴 뜨겁다. '내가 만약 돈을 번다면 오직 여행비를 조달하기 위해서'라고 직장에 매여 선뜻 여행 한번 떠나지 못하는 동생에게 철없는 말로 상처를 준 것 같아 쥐구멍에라도 들어가고 싶다. 딱딱한 의자에 누우니 이런저런 허물이 드러나 침대에 누운 것보다 더 부끄럽다.

라디오에서 두런두런 정겨운 소리가 흘러나온다. 새파랗던 시절 아랫목에 엎드려 귀 기울여 듣던 따뜻하고 다정했던 그 목소리다. 아침이 되어도 갈 곳 없어 헤매던 절망의 시간이 가슴을 파고든다. 밤새 하얗게 타버린 연탄불을 갈아 넣고 불꽃이 다시 살아나길 기다리던 아침이었다. 거대한 도시는 젊은 내가 원하는 모습으론 절대 편입할 수 없는 금단의 땅이었다. 돌이키거나 피할 수 없으면 정면으로 마주할 수밖에 없다. 고통이 무디어질 때까지 참고 견디는 것이다. 춥고 적막한 시간에 라디오를 켜면 어느새 모진 세상과 손을 잡고 다시 화해하곤 했다.

집을 한 바퀴 돌아보는 일은 습관이다. 혹시 방치된 일이 있을까 구석구석 들춰보기도 하고 하릴없이 이곳저곳 서성이기도 한다. 언제부턴가 이 습관은 내게 순례처럼 느껴진다. 먼 곳을 다녀온 듯 나른하기도 하고 고단하기도 하다. 어떤 날은 외롭고 쓸쓸하다. 오늘은 숙연하다는 표현이 적당하겠다. 탁자에 쌓인 뽀얀 먼지와 창틀에 매달린 거미줄이 눈에 들어온다. 나는 다시 청소라는 일상의 순례에 나서기 위해 긴 의자에서 몸을 일으켜 빗자루를 찾아 든다.

발매트 이야기

 나는 화장실 문 앞에 깔려 있는 발매트입니다. 부엌 개수대 밑이거나 현관 앞이거나 발길에 차이기는 마찬가지겠지요. 하지만 화장실 앞에 있으면 물에 젖는 빈도가 훨씬 잦긴 합니다. 씻기 좋아하는 이 댁 식구들이 한꺼번에 설칠 때면 더 차갑고 눅눅해 견디기 힘들지요. 그나마 아파트라는 공간은 건조한 편이라 빨리 마르니 다행입니다.
 나는 여느 매트보다 모양새가 아주 작고 초라합니다. 여린 밤색과 흰색이 무늬랄 것 없이 섞여 있어 퍽 수수하고 소박하지요. 작고 볼품은 없어도 실속은 있습니다. 백 프로 면사로 도톰하고 쫀쫀하게 짜여 두 발에 묻은 물기 정도는 네 식구가 동시에 털어내도 거뜬히 흡수하니까요. 행색은 별로여도 기능 면에서는 더할 나위 없는 조건인 셈입니다.

 십여 년 전 일입니다. 내가 이 댁 여자에게 선택된 것은 순전히 오천 원이라는 저렴한 가격 때문이었습니다. 기능이나 볼품 따위를 따질 만큼 비싼 물건이 아니었던 거지요. 그땐 내가 얼마나 실용적인지 나조차 깨닫지 못하고 있었습니다. 그래서 주인댁이 이사했을 때는 새집에 어울리는 크고 화려한 매트에 서슴없이 자리를 양보했지요. 하지만 안타깝게도 새 매트는 일주일도 채 견디지 못했습니다. 크고 화려한 빛깔이 눈에 거슬리지 않았겠는지요. 젖은 발바닥에 실밥이 허옇게 묻어나는 것도 문제였을 겁니다. 결정적인 이유는 물기를 잘 흡수하지 못해 발매트라고 하는 본래 기능에 적합하지 않았기 때문입니다. 짐작건대 새 매트 역시 그다지 비싼 물건이 아니었을 테지요.

 여자는 나를 다시 깔아놓고도 한동안 미련을 버리지 못했습니다. 그 후로도 두어 번이나 매트를 더 사들였지만 결과는 모두 마찬가지였지요. 웬만하면 두었다가 아쉬울 때 잠깐씩이라도 활용하겠건만 여자는 씩씩거리며 서너 개나 되는 새 매트를 죄 쓰레기통에 내다 버리지 않았겠습니까. 새 매트 사건은 나조차 모르고 있던 나의 가치를 깨닫게 해준 결정적인 계기가 되었습니다. 내게서 영원히 휴식을 빼앗아간 것은 안타까운 일이었지만 말입니다.

　인간의 발을 상대한다는 것은 솔직히 유쾌한 일이 못 됩니다. 여자는 발바닥에 묻은 먼지를 털어낸다고 걸핏하면 더러운 발을 내게 쓱쓱 비벼댑니다. 투박하고 못생긴 데다 악취까지 풍기는 남편의 발은 더 고약합니다. 몸에 묻은 물기를 수건으로 잘 닦아내려 가다가도 종아리에 이르면 나에게 탈탈 털어버리는 딸들도 얄밉습니다. 쉬는 날조차 없으니 맘보가 더 고약해지는 것을 난들 어쩌겠습니까.

　심사가 유난히 불편했던 어느 날 아침이었습니다. 건조한 겨울 날씨인 데다 마룻바닥까지 반질거렸지요. 그때 화장실 청소를 마치고 급하게 발을 내밀던 주인 여자가 거짓말처럼 내 위에 널브러지지 않았겠습니까. 순간 아찔했습니다. 기도가 이루어지리라고는 나 역시 꿈에도 믿지 않았으니까요. 고소할 줄 알았는데 막상 아파하는 모습을 보니 후회가 되었습니다. 크게 다치지 않은 것이 천만다행이었지요. 그 후로는 아무리 고달파도 다시는 나쁜 생각을 하지 않기로 다짐했습니다.

　나는 세탁할 때가 아니면 삼백육십오일 변함없이 화장실 문 앞을 지킵니다. 곁에 친구가 하나라도 있었다면 며칠 서랍 속에서 달콤한 휴식을 취할 수도 있었겠지요. 하지만 아시다시피 내겐 친구가 없습니다. 철이 없을 때는 하다못해 수건 아니 걸레라도 되었으면 하는 마음 간절했지요. 더는 내려다볼 것 없는 발밑 세상에서 어떤 존재인들 나보다 못할까 보냐 절망했습니다.

  지금은 발매트인 것이 싫지 않습니다. 자신의 가치가 놓인 위치만으로 평가되지 않는다는 사실을 뒤늦게 깨달았으니까요. 위를 올려다보며 아무리 몸부림쳐도 발매트가 수건이 되는 기적은 일어나지 않을 겁니다. 주름투성이 거친 발바닥으로 종일 세상과 씨름하다 보면 발의 인생도 나만큼이나 힘들고 고달프겠다는 생각이 듭니다. 가장 낮은 곳에 죽은 듯이 납작 엎드려 지치고 피곤한 발들에게 조금이나마 위로를 줄 수 있으니 이보다 뿌듯한 일이 또 있겠는지요. 나를 필요로 하고 내 가치를 알아준다면 발매트라도 전혀 부끄러울 일이 아닌 거지요.

  십 년이면 발매트로서는 천수를 누린 거나 다름없습니다. 얼핏 보면 낡은 것 같아도 찬찬히 들여다보면 아직 정정합니다. 새것일 때도 새것 같지 않더니 헌것이면서 또 헌것 같지 않으니 내가 생각해도 나는 기능만큼이나 외모 역시 실속 있었던 게 분명합니다. 그렇지 않다면 이토록 수명이 긴 까닭을 어떻게 설명할 수 있겠는지요.

껌 드릴까예

"껌 드릴까예?"

식탐이 많아 정신없이 끌어넣다 보니 입안이 텁텁하다. 너나없이 상큼한 청량제가 아쉬울 무렵 그녀가 어김없이 껌을 내민다. 푸짐한 저녁상에 껌까지 보태져 마음마저 넉넉하다. 다음엔 내가 준비하리라며 손쉽게 받아 들지만 막상 챙기는 사람은 늘 그녀뿐이다.

그녀가 내민 껌을 반으로 자른다. 많은 사람이 고루 나누어 씹어야 하고 반쪽만으로도 입안은 그럭저럭 개운하다. 한 개를 온전히 차지하면 씹는 맛은 더욱 풍성하고 향긋하리라. 하지만 만날 때마다 거르지 않고 껌을 내미는 그녀의 배려가 고맙고 염치없어 반으로 나누는 것이 으레 습관이 되었다.

반쪽의 껌을 씹기 위해 어금니까지 동원하긴 민망하다. 뾰족한 앞니로 할머니처럼 오물거리다 보면 어느새 입안이 상큼하다. 청량하다. 하잘것없는 껌 하나로 이처럼 흡족할 수 있다니 물질에 앞서 마음이 먼저임을 또 깨닫는다. 그녀의 껌 나누기는 그래서 특별하다.

누구나 가볍게 권하고 받지만 가지고 있을 때보다 없을 때가 더 많은 게 껌이다. 있다 해도 신경 쓰지 않으면 권하는 것을 곧잘 잊어버린다. 함께한 사람이 친하지 않아 일부러 꺼내지 않을 때도 있고 귀찮아서 모르는 척 그냥 넘기기도 한다. 하지만 그녀는 언제 어디서건 누구에게나 거르지 않고 '껌 드릴까예' 한다.

내가 감동하는 까닭은 그 소리를 언제나 처음처럼 한다는 것이다. '이제 껌 씹을 시간이네'라거나 '껌은 항상 내 담당'이라며 거르지 않는 자신의 행동을 은근히 자랑하고 싶을 듯도 하다. 소소한 베풂을 노골적으로 공치사하는 것 말이다. 하지만 그녀는 가방 속에 든 껌을 우연히 발견한 듯 매번 능청스럽게 "껌이 있네예. 드릴까예?" 한다.

네댓 번 반복될 때까지도 나는 거르지 않고 껌을 받았다는 사실을 의식하지 못했다. 비 오는 어느 날 저녁이었다. 식사를 마치고 우르르 식당에서 몰려나와 다음 행선지를 정하지 못해 서성거릴 때였다. 모두 우산을 꺼내 드느라 경황없는 중에도 그녀는 어느새 두 쪽으로 나눈 껌을 대수롭지 않다는 듯 사람들에게 일일이 건네고 있지 않은가. 그때 알았다. 그녀의 배려는 우연을 가장한 깜찍한 계획이었음을.

그날 이후로 반쪽의 껌을 씹는 일이 어린아이처럼 즐거웠다. 그녀가 껌을 내미는 순간이 내심 기다려지고 혹여 오늘이 마지막일까 걱정도 되었다. 입을 오물거릴 때마다 나도 덩달아 따뜻한 그녀를 닮는 것 같아 행복했다. 반쪽의 껌을 손바닥 위에 올려놓으면 무게라고는 전혀 느껴지지 않는다. 도대체 이처럼 작고 가벼운 껌 속 어디에다 그토록 많은 정을 숨겨놓은 것일까.

생각해보면 나는 정이 실리지 않은 가벼운 껌조차 건넨 기억이 별로 없다. 별것이 아니어서 주지 못하고 주는 것이 익숙지 않아 내밀지 못한다. 엊그제도 채소 한 주먹 들고 앞집으로 갔다가 차마 초인종을 누르지 못해 문 앞에 두고 돌아섰다. 그동안 그럴싸한 것 한번 건네지 않다가 겨우 푸성귀 한 줌 들고 왔다고 흉을 볼까 겁이 났기 때문이다.

  그녀의 껌을 씹노라면 나누는 것은 진정 물질이 아니라 마음임을 깨닫는다. 별것이 아니라는 생각도 물질로 보는 탓이고 건네는 것이 쑥스러운 것도 마음을 싣지 못하기 때문이다. 막상 별것이 생기면 아까워 나누지 못할 테고 다음으로 미뤘다가도 정작 때가 되면 아직 멀었다며 또 발뺌할 테다. 진심으로 나누고자 하는 마음이 생기지 않는다면 반쪽의 껌이나마 결코 먼저 내밀지 못할 것이다.

  그녀의 가방 속에는 뜯지 않은 여분의 껌이 항상 들어 있다. 타인을 위해 껌을 준비하는 마음은 어떤 것일까. 자신을 사랑하기에 남도 자신과 같이 아낄 수 있는 것일까. 그녀의 따뜻한 마음을 곱씹다 보면 나에게도 가방 속에 껌이 떨어지지 않게 할 부지런함과 한 번도 거르지 않을 정성 그리고 사람을 가리지 않을 인격이 싹텄으면 하는 마음 간절하다.

  껌 드릴까예… 혼자 속삭여 본다. 평소 쓰지 않던 말투에다 사투리까지 서툴러 아무래도 그녀만큼 능청스럽기는 어려울 것 같다.

그림 두 점

 우연한 기회에 그림 두 점을 갖게 되었다. 하나는 남편 친구가 운영하는 갤러리 사무실에 걸려 있던 조그만 유화다. 마음에 든다 했더니 선뜻 떼주었다. 또 하나는 전시회에 갔다가 자신이 소장하고 싶은 작품이라는 작가의 말에 홀려 망설임 없이 구매했다.
 첫 번째 그림에는 기와집 한 채와 나무 두 그루가 삽화처럼 그려져 있다. 기와지붕이라 해도 직선 한 칸 규모밖에 되지 않는 소박한 집이다. 왼쪽 끝에는 뾰족한 굴뚝이 장난감처럼 서 있고 오른쪽에는 집보다 지붕이 높은 조그만 곡식 창고가 교회당처럼 우뚝 서 있다.

아담한 집에는 올망졸망 창이 세 개나 달려 있다. 작으나마 세 칸이나 되니 대궐이 따로 없을 듯하다. 아버지에게 천장이 높은 창고에 다락방 하나 만들어 달라고 떼를 써볼까. 다 자란 언니 오빠들은 초라한 다락방 따위 탐내지 않을 것이다. 창가에 턱을 괴고 엎드려 낮에 보았던 소년을 떠올리며 얼굴 붉혀도 언니 오빠들은 조금도 눈치채지 못할 것이다.

 기와지붕 위에 뿔처럼 솟아 있는 두 그루 나무는 포플러가 틀림없다. 키가 크고 가지도 희끗희끗한 것이 퍽 올곧다. 곧 무성해질 이파리들은 바람결에 살랑거리며 햇빛을 반사해 눈을 찌르지 않을까. 나뭇잎 부딪는 소리가 종일 파도처럼 밀려오리라. 한 번도 가보지 못한 바다를 꿈꾸며 고단함도 모른 채 밤새 들떠 잠을 설칠 것이다.

 어릴 적 내 꿈은 오두막이라도 우리 집을 갖는 것이었다. 나고 자란 보금자리를 빚쟁이들에게 빼앗기고 단칸방으로 쫓겨난 뒤였다. 나는 날마다 앞으로 갖게 될 우리 집을 상상했다. 상상 속에서는 크고 화려한 집도 얼마든지 가능하다. 하지만 오두막집 다락방 하나 갖는 것 이상의 꿈은 꿔보지 않았다. 첫 번째 그림을 보고 있으면 꿈마저도 소박했던 어릴 적 내가 생각나 들끓던 마음이 차분히 가라앉는다.

 두 번째 그림에는 커다란 물고기 한 마리가 꽃밭 위를 헤엄치고 있다. 물고기는 그림 위쪽을 모두 차지할 만큼 거대하다. 그리고 온통 빨간색이다. 크기도 색깔도 너무 강렬해서 대번에 눈길을 끈다. 아래쪽에는 조그만 호랑나비가 노란 꽃에 앉아 한가로이 꿀을 빨고 있다. 눈여겨보지 않으면 빨간 물고기에 가려 눈에 잘 띄지 않는다.

 물고기는 한쪽 눈이 바깥으로 쏠려 있어 얼핏 사시 같다. 사시는 눈을 마주하고 있어도 다른 곳을 보는 것 같아 어색하다. 하지만 빨간 물고기는 내가 어느 방향에 서 있어도 따라와 꼭 눈을 맞춘다. 간절한 눈빛에 다가가면 또 언제 그랬냐는 듯 새침하다. 제 몰골보다 볼품없고 초라한 내 모습에 실망해 그만 말문이 막히는 것일까.

 어쩌면 처음엔 물고기도 나처럼 몸집이 아주 작았는지 모른다. 작은 체구로 친구들과 경쟁하기 쉽지 않았을 테다. 비록 몸은 작아도 능력까지 부족하지 않음을 증명하고 싶지 않았을까. 아름다운 척 빨간색으로 위장하고 강한 척 억지로 몸을 부풀리다 보니 어느새 자신도 모르게 커다랗고 새빨간 기형으로 변하고 만 것이리라.

 무엇이 된다는 것은 자신에게 주어진 목숨값이다. 그리

고 멈춰 서 있으면 아무것도 될 수 없다. 크건 작건 추하든 아름답든 거듭나기 위해서는 끊임없이 움직이고 행동해야 하는 것이다. 패배자처럼 구는 내가 한심하다는 듯 물고기는 단호한 표정으로 꾸짖으며 오늘도 어김없이 눈을 흘긴다. 두 번째 그림을 보고 있으면 실패를 두려워하지 않고 용기 있게 앞으로 나가고 싶은 욕구가 되살아나 몸을 뒤척거리게 한다.

두 점 그림은 소박한 꿈과 열정이 혼재된 내 두 마음이다. 우리 집에서 가장 잘 보이는 거실 벽에 나란히 세워놓고 앉아서도 서서도 본다. 가까이서 혹은 멀리서 바라본다. 아침에 일어나 눈 비비며 쳐다보고 밖에서 돌아오면 처음인 듯 다가간다. 마음 무게가 어느 한쪽으로 기울어지지 않도록 내 마음을 들여다보듯 보고 또 본다.

오빠

 오빠가 있다는 것은 큰 축복이다. 가끔 여자인 것은 싫어도 여동생인 것은 자랑스럽다. 아버지의 사랑은 때때로 엄한 데가 있다. 남편의 사랑은 받은 만큼 주어야 한다. 오빠의 사랑은 엄하지 않고 일방적이다. 마냥 받기만 해도 미안하지 않고 부담스럽지 않다.
 나에게는 오빠가 셋이나 있다. 큰오빠, 둘째 오빠, 셋째 오빠하고 부른다. 가끔 오빠 앞에 오빠들 이름자를 넣기도 한다. 이름을 넣으면 순번으로 부를 때보다 정다운 느낌이다. 남편과 싸웠을 때 부모님이라면 사위 눈치 보느라 선뜻 내 편을 들지 못할 것이다. 하지만 오빠들은 잘잘못 가리지 않고 무조건 여동생 편을 들어줄 게 틀림없다.

결혼식 마치고 신행을 갔을 때였다. 오빠들은 새신랑을 문설주에 매달아 놓고 회초리로 번갈아 가며 남편 발바닥에 매질을 했다. 풍습과 재미를 핑계 삼아 웃으며 벌인 장난이었지만 밉고 섭섭한 마음도 없지 않았으리라. 여동생 빼앗긴 분풀이라도 하듯 새신랑 발바닥을 때리고 또 때려 벌겋게 달아오른 뒤에야 겨우 매질을 멈추었다.

요즘도 큰오빠는 나만 보면 곱던 얼굴이 왜 그리 축이 났냐고 남편 들으라는 듯 핀잔이다. 오빠 눈에 여동생은 세월조차 비껴가 어여쁜 모습으로 평생 늙지 않고 있어야 만족할 것이다. 혹여 살림살이가 어려운 것이냐, 아니면 서방이 한눈이라도 팔아 속을 썩이느냐며 농담을 가장한 진담으로 표나지 않게 남편을 긴장시킨다.

까칠해서 밉다면서도 다가가면 언제 그랬냐는 듯 아낌없이 주머니를 털던 사람은 둘째 오빠다. 싹싹하고 애교 많은 여동생이었다면 오빠 주머니는 훨씬 더 자주 열렸을 것이다. 어쩌다 집안 행사장에서 만나면 집으로 끌고 가 올케 눈치도 안 보고 맛난 음식 해내라고 성화다. 헤어질 때도 이것저것 더 싸주지 못해 안달하는 인정 많은 오빠다.

셋째 오빠는 바로 위에서 친구 같았다. 아버지 주머니에서 쌈짓돈을 훔쳐 함께 풍선껌을 사 먹기도 하고 대보름날 밤 이웃집 부엌에 몰래 들어가 오곡밥도 많이 훔쳐 먹었다. 종일 만화책에 빠져 숙제는 손도 못 대고 등교하는 일도 허다했다. 나에게 조금이라도 대범한 면이 있다면 그것은 아마 셋째 오빠 영향이 아닐까 싶다.

여동생이라는 신분 하나면 연배가 훨씬 높은 오빠 친구들과도 동성 동급인 양 무리 없이 섞일 수 있었다. 야구나 축구 등 거친 운동경기를 도모할 때도 나는 어려서 제외된 적은 있어도 여자라서 안 된다는 말은 들은 기억이 없다. 오빠와 여동생은 성과 나이를 초월할 수 있어 더 돈독한 사이로 지낼 수 있었지 싶다.

딸만 둘을 낳아 키웠지만 한 번도 아들 없는 것을 아쉬워하지 않았다. 하지만 딸들 처지에서 생각해보면 오빠 없는 것은 큰 불행이 아닐 수 없다. 믿고 의지할 오빠가 있다면 사는 동안 기죽지 않고 당당할 수 있을 텐데 말이다. 조건 없는 혈육의 정을 듬뿍 받고 자랐다면 더 명랑하고 자신감 넘치는 숙녀가 되었을 테다. 딸들에게 든든한 버팀목이 되어 줄 오빠 한 사람 없는 게 아쉽고 안타까울 뿐이다.

오빠! 하고 부르는 소리처럼 정다운 느낌도 없으리라.

오라버니라는 호칭도 오빠만큼 각별하고 살뜰한 느낌이다. 막내 고모가 연로한 아버지께 오라버니! 하고 부르면 나는 그 소리가 너무 듣기 좋아 나도 모르게 두 손을 가슴에 모으곤 했다. 오라버니라는 호칭 속에는 존경과 신뢰뿐만 아니라 오누이의 도타운 정까지 듬뿍 들어 있는 것 같아 가슴 따뜻하고 흐뭇해진다.

재난영화를 보다 부모가 눈을 감으며 오빠인 아들에게 여동생 딸을 부탁하는 장면을 만나면 가슴 뭉클한다. 무슨 일이 있어도 끝까지 여동생을 보호하겠다며 오열하는 오빠의 모습은 대견하면서도 안쓰럽다. 오빠는 모진 고난을 숱하게 겪으면서도 여동생 손을 끝내 놓지 않는다. 세상에서 가장 멋있고 듬직한 장면이 아닐 수 없다.

나와 오빠들은 멀리 떨어져 있고 사는 게 바빠 예전만큼 살뜰하지 못한 편이다. 하지만 가세가 기울어 몹시 춥고 막막하던 시절 오빠들 따뜻한 보살핌이 없었다면 나는 결코 무섭고 어두운 터널을 쉽게 빠져나오지 못했으리라. 그때가 다시 온다 해도 변함없이 내 손을 놓지 않을 오빠가 셋이나 있어 나는 더 할 수 없이 든든하고 행복하다.

오동동 들깨 칼국수

  십여 년 전에 살았던 동네를 우연히 지나는 중이다. 큰길 쪽은 많이 다녔어도 아파트 어귀까지 들어오기는 처음이다. 시장 다닐 때마다 들락거리던 골목으로 꺾어 든다. 집들이 여전히 낡고 허름하다. 올망졸망 신산한 상점들을 따라 걷다가 문득 걸음을 멈춘다. 이사하면서 까맣게 잊고 지냈던 낯익은 간판이다.
  오래 머물 요량으로 찾아든 동네는 아니었다. 주변 환경에 큰 관심 두지 않고 무심히 지내던 어느 날이었다. 노란 글씨로 '오동동 들깨 칼국수'라고 쓰인 분홍색 간판을 발견했다. 못 보던 간판이 작은 건물 귀퉁이에 새뜻하게 걸려 있는 정경이 반가웠다. 칼국수라면 자다가도 벌떡 일어나는 식성이니 맛 고민 없이 냉큼 안으로 들어섰다.

 탁자 서너 개밖에 놓이지 않은 조그만 가게가 정갈했다. 사십 대 중반쯤으로 보이는 여자 둘이 주방에서 손님을 맞았다. 한 사람은 밀가루 반죽하고 또 한 사람은 맞은편에서 칼국수를 끓이고 있었다. 홍두깨를 밀 때마다 반죽하던 여자의 엉덩이가 힘차게 들썩거렸다. 불 앞의 여자도 냄비 뚜껑을 수없이 여닫으며 초보티를 감추지 못했다.

 맛은 진작 포기하고 고픈 배나 빨리 달랬으면 하고 목이 빠져 있을 때 뽀얀 들깨 칼국수 한 그릇이 내 앞에 놓였다. 구수한 국물 냄새가 코끝에 닿는 순간 침이 꿀꺽 넘어갔다. 고명으로 얹힌 파란 부추가 맛깔스럽게 눈을 자극했고 듬성듬성 썰어 넣은 애호박과 감자는 알맞게 익어 식감이 좋았다. 평소 잘 먹지 않던 국물까지 싹 비우고 나니 어느새 눈앞에는 덩그러니 빈 그릇만 남아 있었다.

 그 후로 나는 참새가 방앗간 드나들듯 오동동 들깨 칼국수 집을 찾고 또 찾았다. 객지에 나간 딸들이 보고 싶거나 어머니 품이 그리울 때마다 칼국수를 먹으며 헛헛한 마음을 달래곤 했다. 뼛속까지 채워지던 포만감에 힘이 불끈 솟으면 삭막했던 가슴에도 다시 온기가 돌아 어느새 넉넉하고 푸근해졌다. 두 여자도 사흘이 멀다고 찾아드는 내가 고마웠을까. 걸쭉한 칼국수를 소담하게 끓여 한 그릇 가득 퍼주곤 했다.

그녀들의 첫걸음을 진심으로 응원했다. 기대했던 만큼 소망을 이루어 당당한 엄마가 되고 아내가 되었으면 하는 마음 간절했다. 하지만 큰길이 아니고 뒷길인 데다 입소문이 덜 난 탓일까. 바람과는 달리 영 손님이 늘지 않아 당사자들보다 내가 더 애가 탔다.

도움이 될 만한 일이 없을까 고민하다가 구구절절 칼국수가 맛있다는 내용의 글을 적어 일일이 아파트 엘리베이터마다 붙이고 돌아다녔다. 본인들이 만든 광고 전단과는 다르게 손님이 직접 먹어보고 맛있어서 소개하는 글이라면 효과가 있지 않을까 내심 기대했다. 하지만 글을 보고 찾아왔다는 사람이 있긴 해도 크게 도움이 되는 눈치는 아니었다.

애초 오래 살려고 찾아든 곳은 아니었지만 그래도 나조차 예상하지 못한 갑작스러운 이사였다. 평소 문을 닫기라도 하면 맛있는 칼국수를 어디에서 먹을까 걱정하던 내가 오히려 그녀들보다 먼저 동네를 떠나게 된 것이다. 이사한 뒤로는 내 일처럼 걱정하던 것과 다르게 그녀들을 까맣게 잊고 살았다. 새로운 환경에 적응하며 바쁜 일에 매이다 보니 마음에 자리하고 있던 칼국수 집이 어느새 시나브로 지워진 것이다.

 슬며시 문을 열고 들어선다. 식사 시간이 지나 손님은 없고 낯선 여자가 주방 근처에서 늦은 점심을 먹고 있다. 마흔도 채 안 돼 보이는 젊은 여자다. 기대했던 얼굴이 아니라 당황스럽다. 간판이 옛날 그대로여서 주인이 바뀌었으리라고는 짐작하지 못했다. 인수한 지 3년쯤 되었고 두 여자는 다른 장사를 하려고 어딘가로 떠났다 한다.

 서운한 마음에 좋아하는 칼국수 먹을 생각도 못 하고 그만 뒤돌아 나오고 말았다. 부실했던 가게를 칠 년 넘게 이끌어온 것을 보면 다른 사업도 틀림없이 잘 꾸려 나가리라 애써 마음 달래보지만 아쉽고 서운한 마음 어쩔 수 없다.

 칼국수 한 그릇 팔아주지 않고 나온 것이 뒤늦게 후회된다. 젊은 새 주인에게 부디 번창하라는 기도의 마음 보태며 헛헛한 발걸음으로 골목을 벗어난다.

예순과 일흔

둘, 셋, 넷…. 양수사에는 대부분 받침이 들어 있다. 다섯, 여섯, 일곱, 여덟을 연달아 발음하려면 중간에 받침 한두 개쯤 생략해야 혀가 꼬이지 않는다. 또 몇 개를 제외하곤 대개 두 글자다. 십 단위로 올라가면 네 글자까지 발음해야 한다. 스물다섯, 서른여섯, 마흔일곱, 여든아홉…. 받침이 두세 개씩 겹쳐 발음하기가 쉽지 않다.

돈을 셀 때 특히 문제다. 읊는 속도가 지폐를 넘기는 속도보다 느린 탓이다. 그럴 때 나는 '하나둘셋넷다여일고여덜…'처럼 중간에 받침을 하나씩 생략해 손놀림과 속도를 맞추곤 한다. 그런데 예순과 일흔처럼 받침에 니은과 리을

이 중복되면 변별력마저 흐려진다. 입으로는 분명 예순이라 해놓고 머릿속에서는 일흔 같은 착각이 드는 것이다.

딸아이가 초등학교에 다닐 때였다. 어머니회에서 마음 맞는 사람 몇이 모여 조그만 계를 하나 조직했다. 편의상 계주는 회장이 맡았다. 마지막 순서였던 내가 곗돈을 타는 날이었다. 회장이 내게 돈을 건네며 세어보길 권했다. 하나 둘 셋 넷…. 그날따라 회장이 대수롭지 않은 일로 자꾸 말을 시켜 벌써 세 번째 다시 세는 중이었다.

예순까지 세었을 때 그녀가 또 말을 걸었다. 이번엔 대꾸하지 않으리라 다짐하는 순간 예순이었는지 일흔이었는지 또 헷갈렸다. 틀리면 남거나 모자랄 테다. 다시 셀 요량으로 일단 일흔이라 치고 마저 세었다. 딱 백 장이었다. 착오가 있다면 기껏 한두 장일 터 딱 들어맞는 백 장이었기에 아무 의심 없이 받아들고 집으로 돌아왔다.

몇 시간이나 지났을까. 백열 장이 간 것 같다며 회장이 다급한 목소리로 전화를 걸어왔다. 아차 싶었다. 다시 세어보지 않아도 백열 장임을 확신했기 때문이다. 그녀가 보는 앞에서 세고 또 세지 않았던가. 날벼락도 유분수지 몇 시간 만에 파렴치한 도둑이 되다니 머릿속이 하얬다. 한두 장도 아니고 어떻게 열 장씩이나 더 건넬 수 있단 말인가.

내 불찰보다 그녀의 부주의가 더 화나고 원망스러웠다.

　회장은 평소 너스레가 좋은 사람이다. 그런 사람이 돈을 돌려받으며 말 한마디 하지 않았다. 경직된 표정을 감추느라 애써 어색한 미소만 지을 뿐이었다. 서먹하고 불편했지만 나도 아무 말 하지 않았다. 구구절절 변명하려 들면 오히려 그녀의 짐작에 확신만 주는 꼴이 될 것 같아 목구멍까지 차오르던 말을 꾹꾹 눌렀다. 어차피 엎질러진 물 떳떳한 얼굴로 자존심이라도 지켜야겠다고 마음을 다독였다.

　오늘 길에서 우연히 그 회장을 만났다. 삼십여 년 만이다. 그녀를 보는 순간 까맣게 잊고 있던 그때 일이 어제 일처럼 떠올랐다. 한동안 괴로워하면서도 시간이 필요하다며 울며 겨자 먹듯 참고 또 참았던 일이다. 이제나저제나 기회만 노리다가 누가 먼저였는지 모르게 동네를 뜨면서 결백을 증명할 기회조차 아예 놓치고 말았다.

　오늘이 기회다. 찻집에 가자 할까. 아니면 길거리에 선 채로 지나는 말처럼 슬쩍 그때 일을 상기시켜 볼까. 어떻게 풀어야 할지 몰라 반가움 반 뒤숭숭함 반인 어정쩡한 내 태도와 달리 그녀는 의외로 명랑하고 쾌활하다. 나처럼 세월을 비껴가지 못해 많이 변한 모습으로 서서 지난 일

따위 아예 기억에 없다는 듯 호들갑이다.

  나에게는 잊지 못할 흑역사지만 그녀에게는 대수롭지 않은 해프닝이었는지 모른다. 나이 드는 것이 나쁘지만은 않은 것 같다. 흑역사 하나쯤 가슴에 묻고 산들 무슨 대수랴 싶다. 그녀를 만나면 꼭 해결하고 싶던 일, 하지 않으면 절대 떳떳하지 않을 것 같던 일을 허공에 훌훌 털어버리고 서둘러 집으로 돌아오는 걸음이 무겁지만은 않다.

  이제부터 돈을 셀 때는 서수사로 읊으리라. 일, 이, 삼, 사, 오, 육, 칠, 팔….

미더덕

놀이할 때 실력이 월등한 사람이 끼어 있으면 '깍두기'로 활용한다. 전력 차이를 줄이기 위해 양쪽을 왔다 갔다 하며 거들게 하는 것이다. 미더덕을 먹을 때마다 그 깍두기를 생각한다. 재료가 다소 부실해도 미더덕을 곁들이면 그럭저럭 먹을 만하고 재료를 고루 갖췄어도 미더덕을 추가하면 맛은 한층 더 풍부해지기 때문이다.

내륙에서 바닷가 도시로 갓 시집왔을 때였다. 직장을 다니고 있어서 시어머님께서 차려 주시는 밥상을 또박또박 받아만 먹던 시절이었다. 어느 날 시누이 입에서 '오도독' 하고 미더덕 씹는 소리가 새어 나왔다. 그 소리가 어찌

나 맛깔스럽던지 나도 냉큼 하나 건져 입에 넣었다. 바다를 통째 들이켠 듯 비릿한 갯내음이 온통 입안에 감돌았다. 짭조름하고 쌉싸래한 맛이 독특하고 신선했다. 첫맛이었다. 그 후로 나는 시누이보다 더 자주 미더덕을 찾게 되었다.

 미더덕과 콩나물에다 고춧가루를 듬뿍 넣어 발갛게 볶아낸 찜은 끝을 보고서야 손을 놓는다. 고춧가루를 넣지 않고 갖은 채소와 미더덕, 조갯살과 들깻가루를 섞어 순한 맛을 살린 찜은 별미 중 별미다. 만드는 사람의 정성과 솜씨가 필요해 손수 해먹을 엄두를 낼 수 없어 아쉬울 뿐이다. 시어머님 살아생전 해주시던 손맛이 그리워 입맛을 다시곤 한다.

 미더덕은 멍게와 맛이 비슷하다. 하지만 멍게는 쓴맛이 강하고 개운함이 지나쳐 서너 번 집어 먹으면 더는 손이 가지 않는다. 미더덕은 적당히 개운하면서도 향이 독특하다. 죄다 건져 먹어도 입안에 여운이 남아 숟가락을 놓지 못하게 한다. 생김새가 더덕 같아서 물을 뜻하는 옛 글자 미를 앞에 붙여 미더덕이 되었다. 그 사실을 알기 전까지는 미더덕의 미가 당연히 맛 미味인 줄 알았다.

 미더덕은 마트보다 질펀한 어시장에서 사는 맛이 그만

이다. 투박한 아낙네들이 쟁반 위에 미더덕을 수북이 쌓아놓고 나처럼 간이 작은 손님을 기다리는 모습처럼 넉넉하고 푸근한 풍경도 아마 없을 것이다. 계획에 없다가도 눈에 띄면 덥석 사는 게 미더덕이다. 풍선처럼 부풀어 있는 부분을 터트려 바락바락 씻은 다음 적당한 양을 비닐봉지에 나누어 냉동실에 넣었다가 입맛 없을 때나 찬거리가 마땅치 않을 때 깍두기처럼 요긴하게 활용하곤 한다.

더덕같이 생겼다는 것은 바다에서 막 건졌을 때 모습이다. 껍질을 꼭지에서부터 돌돌 말아 깎아 내려오다가 마지막 오돌토돌한 부분만 남겨둔 모양새가 바로 장에 나와 있는 미더덕이다. 얼핏 보면 도토리, 상수리처럼 생겼다. 백화점이나 마트에서는 한 주먹이나 될 만큼 겨우 포장해놓고 터무니없는 가격표를 붙여놓았다. 작황이 예전만 못하다지만 그래도 인심이 너무 흉한 것 같아 혀를 차며 돌아서곤 한다.

진정은 갈치나 고등어를 굽거나 조려 먹는 게 진부다. 생선으로 만든 국물 요리를 먹은 기억은 겨우 생태탕 하나뿐이다. 다른 생선으로 국이나 찌개를 끓인다는 것은 상상도 할 수 없는 일이다. 육지 것과 바다 것을 함께 섞어 만든 요리는 더욱 낯선 조합이다. 폐쇄적인 지리 여건으로 해산물이나 생선을 다양하게 접하지 못한 탓이다. 그래서 인지 친정 식구들은 인간관계가 비교적 협소한 편이다.

시댁에서는 미더덕으로 탕, 찜, 볶음 등 어떤 요리도 가능하다. 생선으로 만든 요리법도 가지가지다. 찌고 굽고 튀기고 심지어 생으로 먹는 회까지 다양하다. 고기와 생선이 한데 섞인 요리는 비호감의 맛은 덜고 장점의 맛은 상승시켜 더 일품이다. 남편은 많은 사람과 어울리기를 좋아한다. 유연하고 원만한 사람을 만드는데 음식문화도 분명 한몫 거든 것이리라. 바다라는 넓고 확 트인 환경이 식성은 물론 성격에까지 적지 않은 영향을 끼친 듯하다.

미더덕을 먹은 세월이 어지간한데도 깍두기가 되려면 아직도 먼 느낌이다. 여기저기 불려 다니며 쓰임새 요긴한 사람이 되고 싶은데 편식도 심하고 아집도 강해 미더덕이나 깍두기가 되려면 까마득하다. 그래도 예전보다는 넉넉해졌다는 말을 가끔 듣는다. 미더덕 같은 사람들을 만나 미더덕처럼 어울렁더울렁 살다 보니 알게 모르게 입맛도 변하고 성격도 다소 유해진 것 아닐까.

오늘따라 미더덕 맛이 더욱 개운하고 시원하다.

우리 동네 개와 고양이

 목욕탕에 갈 때마다 지나치는 골목이 있다. 아담한 집들 사이로 어린애 앞니 빠진 것처럼 집터 한군데가 비어 있는 골목이다. 그곳에 제법 큰 잡종견 한 마리가 살고 있다. 내가 지날 때마다 꼬리를 살랑거리며 따라오지만 빈터를 벗어날 만하면 목에 매인 줄에 걸려 제자리걸음만 동동 친다. 여느 개 줄보다 길어 그나마 다행이다.
 넓은 터에 기왕이면 하고 크게 지었는지 녀석의 집도 개집치고는 꽤 호사스럽다. 옆에는 커다란 평상까지 놓여 있어 웬만한 호텔 부럽지 않다. 동네 사람들이 평상에 모여 앉아 놀고 있으면 덩달아 꼬리 흔들며 친한 척한다. 사람들이 없을 때는 평상에 혼자 갈지자로 누워 따사로운 햇볕을 듬뿍 받으며 늘어지게 오수를 즐기곤 한다.

  잡종견 발치에는 반쯤 먹다 남은 밥그릇이 항상 굴러다닌다. 된장이나 생선찌개에 밥 한술 만 것이지만 정량의 사료만 겨우 얻어먹고 사는 온실 속 개들에 비하면 그래도 호강이다. 짖거나 낑낑거리는 소리 한번 들을 수 없으니 욕구불만이라고는 전혀 없는 녀석같이 순하고 얌전하다. 종일 먹을 것을 찾아 온 동네를 헤매고 다니는 길고양이에 비하면 상팔자가 따로 없다. 비록 사방 몇 미터밖에 되지 않는 작은 공간이지만 녀석에겐 더 바랄 것 없는 요람이요 천국이 틀림없다.

  음식 쓰레기장에 가면 어김없이 나타나는 고양이 한 마리가 있다. 쓰레기통 뚜껑을 열 수 있어야 썩은 생선 쪼가리 하나라도 꺼낼 수 있을 것이다. 하지만 작고 연약한 고양이로서는 난공불락이다. 안쓰러운 마음에 쓰레기통 뚜껑을 열어놓고 아무리 손짓해도 경계만 할 뿐 절대 다가오지 않는다. 몸을 숨긴 채 기다려봐도 소용없다.

  먹을 것 찾는다고 쓰레기통을 더럽게 흩뜨려 놓았거나 널어놓은 생선에 손댔다가 사람들에게 된통 혼이 났는지 모른다. 아니면 길고양이 생활이 초보라서 아직은 허리 굽혀 구걸하기가 부끄럽고 자존심 상하는 것일 수도. 더는 허기를 참기 힘들 만큼 위급한 상황에 이르러서조차 알량한 자존심을 계속 뻣뻣하게 고수할 수 있을지 의문이다.

주인에게 버림받았을까. 아니면 원래 길에서 태어나 거처 없이 떠돌고 있는 방랑 고양이일까. 딱한 처지에 어울리지 않게 사람의 손길조차 받아들이지 못하니 늘 채워지지 않는 욕구로 야옹거리고 퀭한 눈동자로 귀신처럼 골목을 배회한다. 말끔한 도시 주택가 골목에서 먹이를 찾지 못해 굶기를 밥 먹듯 하고 친구도 없이 혼자 떠돌고 있는 고달픈 영혼이 안타까워 볼 때마다 혀를 찬다.

창밖에서 개 짖는 소리가 요란하다. 좀체 짖는 일 없는 놈인데 이상하다. 내다보니 고양이가 지붕에서 잡종견을 내려다보고 있고 잡종견은 고양이를 올려다보며 마구 짖고 있다. 얼핏 보면 고양이가 개의 요람을 침범하려고 슬슬 접근 중인 듯하다. 그렇다면 잡종견은 자신의 영역을 지키기 위해 필사적으로 대응할 수밖에 없을 것이다.

격렬한 개의 반응과 달리 고양이 눈빛은 뜻밖에 도도하다. 편안한 삶이 무슨 의미냐며 오히려 잡종견을 비웃는 것 같아 충격이다. 좁은 빈터가 세상 전부가 아님을 고양이는 너무도 잘 알고 있을 테다. 목줄에 매여 자신의 의지대로 맘껏 돌아다니지 못할 바에야 차라리 배는 고플망정 자유롭게 살겠다는 듯 표정이 아주 당돌하다. 안일한 삶에 길드느니 바람처럼 구름처럼 떠돌겠다는 듯 고양이는 미련 없이 담장 너머로 사라져버렸다.

  고양이를 쫓으려다 목에 매인 줄에 걸려 되돌아오길 몇 차례 반복하던 잡종견이 며칠째 보이지 않는다. 주인과 멀리 출타 중인가 싶어 대수롭지 않게 여겼다. 그런데 문득 불안한 생각이 들어 창밖을 내다보니 아니나 다를까. 덩그러니 남아 있던 개집조차 사라지고 빈터가 말끔히 치워져 있다. 좋은 곳으로 입양되었다면 다행이지만 불길한 곳으로 팔려나갔다면 낭패 아닌가. 며칠 전 그토록 짖은 이유가 영역 때문이 아니라 고양이를 따라가지 못한 아쉬움의 절규였나 싶어 가슴이 철렁한다.

  쓰레기장에 가면 오늘도 어김없이 골목을 어슬렁거리고 있는 깡마르고 수척한 고양이를 만날 수 있다. 자유롭게 돌아다니며 자신의 삶을 스스로 경영하기에 애처로운 듯 애처롭지 않은 당돌한 영혼이다.

일곱 살의 눈물

 아이 고개가 자꾸 차창 밖으로 향한다. 매일 보는 거리 풍경이 아직도 신기한가 보다. 이십여 분 만에 훌쩍 터미널에 도착한다. "잘 있어 아가야 할머니 갈게…." 반응이 없다. 차 문을 닫으며 길 밀리기 전에 어서 돌아가라고 손짓한다. 딸이 뒷좌석에 홀로 남은 아이를 돌아보며 왜 할머니한테 인사 안 하느냐고 채근하다 목소리를 낮춘다. '울고 있었네….'
 바깥 구경하던 게 아니었구나…. 일곱 살 어린 마음이 어느새 한 뼘 넘게 자란 것일까. 매번 다녀갔어도 우는 모습은 처음이다. 종일 유치원이며 미술학원 등을 전전하다

저녁때가 다 되어서야 겨우 집에 돌아오던 아이다. 저녁 시간에도 씻고 밥 먹고 밀린 동화책 읽기 바쁘다. 그토록 경황없는 중에도 아이는 살뜰하게 정을 쌓고 있었건만 칠십 가까운 할머니는 어린 손자의 유  정한 마음도 모르고 시시덕거리며 돌아서기 바빴으니 얼마나 무정했을까.

눈은 작지만 눈빛은 곱고 깊은 아이다. 이모 품에 안겨 반갑다는 듯 눈을 맞추고 왜 이제 왔냐는 듯 옹알거리며 다정한 눈빛을 끝내 거두지 않던 상냥한 아기였다. 이유식이 입에 맞지 않아 인상을 쓰면서도 아기는 애쓰는 엄마 마음 다 헤아린다는 듯 체념의 눈빛으로 아기 새처럼 입을 쩍쩍 잘도 벌렸다. 말을 할 수 없으니 따뜻하고 다정한 마음을 오롯이 눈빛에 담을 수밖에 없었으리라.

어느 날 마트에 들렀을 때다. 할머니 찬스 자주 없으니 맘껏 고르라 해도 아이는 달랑 과자 한 봉지 집어 들고 그만이었다. 다른 과자들에 계속 눈길이 가길래 두 번 세 번 더 권해봤지만 소용없었다. 주는 대로 덥석 받아드는 염치없는 행동이 혹여 예쁜 엄마 마음 상하게 할까 걱정하는 것이다. 제 욕구보다 상대의 마음 챙겼을 때 아이는 더 행복해한다. 지나친 배려심이 안타까우면서도 기특하지 않을 수 없다.

내 나이 열한두 살 때였지 싶다. 시골에서 외할머니가 상경했는데 집에는 나와 어린 동생 둘뿐이었다. 점심때가 되어 밥과 찬을 꺼내 동생과 대충 끼니를 해결했다. 서너 시쯤 집에 돌아온 엄마가 굶고 계신 외할머니를 보고 당황 반 노여움 반 섞어 내게 지청구를 쏟아냈다. 아무리 어리지만 소견머리가 그리 없냐며 혀를 차고 또 찼다.

내 손자였다면 쑥스럽거나 찬이 없어도 같이 먹자며 할머니 손을 잡아끌지 않았을까. 하지만 나는 외할머니도 배가 고프겠다거나 우리만 먹기 미안하다는 생각을 아예 하지 못했다. 나이가 들었어도 상대 마음을 헤아리고 상황에 따라 눈치껏 행동하는 일은 여전히 어렵고 서툴다. 가르쳐 주지 않아도 절로 다정한 아이를 보면 그래서 신기하다. 아이가 소견머리 없는 할머니를 닮지 않은 게 얼마나 다행인지.

환하게 웃고 있는 들꽃 한 송이도 아이는 그냥 지나치지 못한다. 보도블록 사이에 뾰족 얼굴 내밀고 있는 노란 민들레를 보면 기특하다는 듯 쪼그려 앉아 꽃잎을 쓰다듬곤 한다. 애써 창 쪽으로 고개 돌린 뒤 끝내 뒤돌아보지 않던 아이 모습이 눈앞에 아른거린다. 참고 참다가 급히 고개 돌린 뒤 눈물이 그치지 않으니 끝내 돌아보지 못했을 테다. 할머니 마음 아플까 봐 바깥 구경하는 척 차창에 매달려 눈물로 별리의 고통을 삭이던 민들레 같은 손자 생각에 끝내 눈을 적시고 만다.

　고속버스에서 아이 괜찮으냐고 딸에게 문자를 보낸다. 뒷좌석에 앉아 혼자 찔찔 울다가 겨우 그치면서, '할머니 아프지 말고 살았으면 좋겠어'라고 말했단다. 오래 살면 좋겠다가 아니라 아프지 말고 살았으면 이라니…. 역시 내 손자답다. 할머니가 오래 살면 손자인 아이에게 좋은 것이고 아프지 않고 살면 할머니인 내게 좋은 것이다. 설마 아이가 그런 의미를 알고 말했을까. 자신보다 상대를 먼저 챙기는 배려쟁이다 보니 저도 모르게 말이 예쁘고 사랑스럽게 튀어나온 것 아닐까. '울 애기 다 컸다고 기특하다'고 딸의 문자가 이어 당도한다.

　살아남기 위해 길러진 알량한 사회성으로 칠십 년 가까

이 버티고 있는 내가 불쌍했는지 모른다. 이제부터라도 더 많이 울고 더 공감할 줄 아는 품 넓은 할머니가 되라고 어느 인정 많은 신이 다정하고 따뜻한 아이를 내게 선물로 보냈으니 말이다. 눈을 감고 뜰 때마다 과분한 선물이 꿈만 같다. 아이의 할머니인 것이 내 생에 가장 큰 축복이고 기쁨이 아닐 수 없다.

알고리즘의 습격

 티브이 리모컨 쟁탈전이 종식된 지 오래다. 남편이 유튜브만 보고 티브이는 시청하지 않으면서다. 나는 유행 초기 때부터 동영상은 흥미가 없었다. 더 이상의 정보 인프라는 과잉이라 여겼고 시간도 아까웠다. 안 보는 사람 거의 없다는 최근까지도 여전히 강 건너 불구경이었다.
 며칠 전이다. 티브이 트로트 오디션을 보고 있는데 한 가수의 행보가 심상치 않았다. 라운드 때마다 심사위원들로부터 큰 점수를 받지 못하던 가수다. 나 역시 남다른 실력을 느끼지 못하고 있었다. 그런데 뒤늦게 발표된 대국민 응원 투표에서는 매주 일등을 놓치지 않았다니 뜻밖이었다. 국민 다수가 인정하는 실력을 몰라보다니…. 내 감성을 자극하지 못한 가수 탓임을 기어이 확인하려는 오기가 발동했을까.

　마침내 앱을 클릭했다. 가수 때문에 유튜브에 입성한 것은 나도 의외였다. 예상은 한참 빗나갔다. 흔한 꺾기나 고음도 사용하지 않고 애절한 저음으로 듣는 이의 마음을 흔드는 솜씨가 여간 아니었다. 일찍 알아보지 못한 게 미안할 정도였다. 평소 트로트는 부르는 노래지 듣는 노래가 아니라는 편견이 있었다. 시나브로 노래를 반복해 듣다가 편파 판정을 성토하는 영상들로 옮겨가고 급기야 온갖 불공정에도 끝내 우승할 거라는 예측 화면에 빠져 밤잠 설친 지 벌써 나흘째다.

　방금 통신사로부터 일주일 동안 사용한 스마트폰 기록을 수신했다. 하루 다섯 시간…. 하지만 동영상을 보기 시작한 게 나흘 전쯤이니 평균은 배 가까이 올라가 무려 열 시간이나 스마트폰을 붙잡고 있었던 셈이다. 다른 앱들 제치고 유튜브 앱 홀로 껑충 서 있는 막대그래프가 당황하고 있는 나를 내려다보며 비웃는 것 같아 얼굴이 화끈거린다. 늦게 배운 도둑질 날 새는 줄 모른다더니 딱 그 짝이다.

　알고리즘이 내 시청기록을 분석해 관련 영상을 계속 띄워주는 줄도 모르고 모든 사람이 같은 화면을 보며 같은 생각인 줄 착각했다. 믿음이 강화하면 쾌감은 올라가고 쾌감이 올라갈수록 믿음은 더욱 강화한다. 비슷한 화면을 거듭 반복해보며 많은 사람이 나와 같은 생각이라는 연대감과 내 판단이 틀리지 않았다는 그릇된 확신에 사로잡혀 대책 없이 영상에 빠졌던 시간이 허탈하고 민망하다.

유튜브 애청자였던 지인과 어느 날부턴가 대화가 불편했던 기억이 있다. 지금 생각해보니 추천 정보를 편식하며 보고 싶은 것만 보고 믿고 싶은 것만 믿는 확증 편향에 다소 갇혔던 게 아닌가 싶다. 나는 옳고 남은 틀렸다는 그릇된 신념으로 20대 아이들이 젠더 갈등에 사로잡히고 극단 정치가 갈수록 치열해지는 것 역시 같은 맥락 아닐까.

AI가 인간을 지배하게 될 거라는 말을 믿지 않았다. 기계가 아무리 진화한들 인간이 통제할 수 있는 수준 안에 머물 거로 생각했기 때문이다. 하지만 며칠 경험이 그 생각을 바꾸게 한다. 인간이 기계보다 똑똑하지 못해 굴복당하는 게 아니라 무분별한 기계의 원리에 사로잡혀 마약 중독자처럼 스스로 파멸의 길을 걸을 수도 있을 것 같기 때문이다.

AI는 사람처럼 생각하고 배우고 판단하는 기계다. 사람처럼 생각한다는 말에 함정이 있다. '생각' 하면 자칫 옳고 그름을 가릴 줄 아는 분별력이 떠오른다. 하지만 알고리즘은 문제의 정답을 제시하는 게 아니라 대답이 핵심이다. 해롭든 말든 필요하다면 어떤 콘텐츠라도 찾아 빨리 대령하면 그만이다. 옳고 그름을 판단할 줄 아는 AI가 개발되지 않는 한 좀 더 신중하고 경계하는 자세가 절실할 터이다.

영화 취향이 두루 다양한 편인데도 넷플릭스는 앞서 본 영화와 비슷한 콘텐츠를 자꾸 띄워 감성마저 한쪽으로 치우치기를 종용한다. 인터넷에서도 한번 사면 두 번 다시 필요 없을 물건을 지겹도록 띄우고 또 띄운다. 그때그때 변하는 내 기분과 필요에 따라 눈치껏 추천하는 알고리즘이 아쉽기만 하다. 편향을 부추기는 게 아니라 두루 생각의 폭을 넓힐 수 있도록 다양한 정보를 권하는 알고리즘 말이다.

유튜브는 세상 모든 물건을 두루 갖추고 있는 만물상이다. 물건이 많아 편리하기도 하지만 알게 모르게 쓰레기가 섞여 있어 문제다. 알고리즘은 그런 만물상에 고용된 유능한 점원 같은 것. 소비자가 해를 입거나 말거나 많이 파는 게 목적이다. 바구니 가득 쓰레기를 담지 않으려면 생각 없이 마구 들락거리는 것부터 조심하고 주저해볼 일이다.

PART 4

마음 지우개

똥비누·착하다·마음 지우개·둘째 딸·어르신·하루살이처럼·터미널에서·강낭콩·실개천 백로·나태 지옥·손안의 세상·목련꽃 편지

똥비누

'뭣이 이리 많노….'

목욕 바구니를 내려놓으며 여자가 혼잣말한다. 소리 따라 옆자리에 눈이 간다. 아닌 게 아니라 많기도 하다. 플라스틱병만 대여섯 개도 넘을 것 같다. 달랑 샴푸와 비누뿐인 내 바구니를 보고 지레 튀어나온 말일까. 비교되니 나도 민망하다. 저 많은 물건이 다 어디 쓰이는 것일까. 내 것엔 변변한 목욕용품 하나 담겨 있지 않으니 여자도 신기했겠다.

똥비누라는 게 있었다. 볏짚이나 쌀겨 등으로 만든 저질 비누다. 물러서 손에 움켜쥐고 빨래 몇 번 치대고 나면 모양이 뒤죽박죽 제멋대로다. 어린애가 조물거리다 버린 밀가루 반죽처럼 손자국이 그대로 남아 있다. 색깔까지 거무스름해 변소에 갖다 놓으면 영락없는 똥이다. 박을 따서 바가지를 만들고 비누통도 다 찌그러져 못 쓰게 된 양은그릇으로 대신하던 때였다. 가난했지만 마음만은 풍성했던 시절 풍경이 어제 일처럼 생생하다.

  대야에는 빨랫감과 빨랫방망이 그리고 똥비누가 담겨 있었다. 나물 소쿠리처럼 옆구리에 끼고 논둑길 걸어 사시사철 맑은 물 흐르는 냇가에 닿았다. 손때 묻어 반질반질하고 넓적한 바위 위에 치마 오므려 무릎 사이에 끼우고 쪼그려 앉는다. 흰 무명천을 물에 적셔 까만 똥비누를 척척 치대면 옷들은 똥 밭에라도 구른 듯 되레 시커멨다. 몇 번 조물조물한 뒤 빨랫방망이로 탕탕 두드린 다음 투명한 물에 설렁설렁 헹궈내면 옷들은 언제 그랬냐는 듯 다시 흰빛 그대로 눈부셨다.

  마지막 빨래마저 둑에 널고 나면 머리 감을 차례다. 부끄럽거나 말거나 치마 끝 모아 속곳에 끼우고 냇물 한가운데로 성큼성큼 걸어 들어간다. 하늘거리는 물살이 좋아 한참 노닥거리다 손발이 팅팅 불면 작은 돌멩이 주워 벌겋도록 때를 밀고 또 밀었다. 젖은 옷들이 햇살에 꾸덕해질 무렵 깊은 물속에 묶여 있던 머리 풀어 헤쳐 커튼처럼 드리웠다. 치덕치덕 똥비누 묻혀 손바닥으로 바락바락 치댄 다음 단물에 휘휘 헹궈내면 검은 머리가 밤물결처럼 부드럽고 매끄러웠다.

시커먼 똥비누로 그릇 씻기는 찜찜했다. 그나마 기름진 음식이 귀해 평소엔 쌀뜨물이나 뜨거운 물 한 바가지면 설거지 그만이었다. 문제는 어쩌다 기름기 많은 고기를 먹었을 때다. 똥비누가 해로운지 어쩐지 알 수 없지만 더러운 느낌 탓에 선뜻 묻히기가 싫었다. 그래도 똥비누 하나로 빨래하고 머리 감고 기름 묻은 그릇들까지 해결했으니 풍속이 아직은 산업에 물들지 않은 순박한 시절이었다.

요즘은 머리 감는 데만도 세제가 두세 개나 필요하다. 감은 뒤에도 에센스며 스프레이 따위의 멋내기 용품이 또 추가된다. 설거지용, 화장실 청소용, 세탁용 등 세제 종류도 가짓수가 만만치 않다. 소독하고 냄새 제거하고 향 나는 방향제까지 꼽으면 더는 숫자 세기도 민망하다. 방 하나에서 온 식구가 함께 생활하다 이제 각방 쓰기도 모자라 아예 독립해버리듯 화학 제품들도 분열하는 욕망에 맞춰 끝없이 증식 중이다.

물자가 귀하던 시대 끝을 경험한 기억이 유전자처럼 새

겨졌을까. 아니면 소비보다 내핍한 쪽이 편해서일까. 나는 머리 감을 때 샴푸 하나면 그만이고 목욕할 때도 세숫비누만 사용한다. 바디워시나 린스는 미끈거리는 게 싫어 몇 번 쓰다 퇴출했다. 몸에 바르는 로션도 끈적거려 마땅치 않고 섬유 린스도 냄새 거슬려 무시한 지 오래다. 수시로 발라야 하는 핸드크림도 습관 들이지 않으려 애쓰는 중이다.

지구가 펄펄 끓고 있다. 한 달 넘는 폭염 경보와 열대야로 살아있는 모든 것들이 정상 아니다. 멀쩡한 화초 이파리가 한꺼번에 후드득 떨어지기도 하고 잘 가던 벽시계조차 이유 없이 멈춰 섰다. 기계 내부가 뜨거운 열기로 느슨해진 탓이다. 기껏 화학 제품 몇 개 쓰지 않는다고 달라질 지구가 아니다. 알게 모르게 같은 잘못을 수없이 저지르며 적당히 한쪽 눈 감고 있기에 더욱 불안하고 걱정스럽다.

똥비누 시절로 돌아가는 일은 이제 불가능하다. 하지만 더 늘리지 않고 멈추는 일은 가능할 테다. 한 가지 용도에 여러 개를 마구 사용하지 않고 가능한 한 개로 해결하면 작은 도움이나마 틀림없이 되지 않을까. 다행히 두세 가지 기능을 하나로 묶은 상품이 유행하기 시작했다. 샴푸와 린스가 겸용이고 스킨과 로션도 따로 바르지 않아도 된다.

혼자 아닌 다수가 하나씩만 줄여도 작은 변화나마 분명 나타날 것이다.

　홀쭉한 목욕 가방 들고 다니기 부끄러웠는데 너나없이 환경 걱정해야 할 때니 이제 핑계 삼아 떳떳이 들고 다녀야겠다.

착하다

'착하다'는 말은 곱고 어질다는 뜻이다. 고운 마음씨가 상냥한 말과 바른 행동으로 드러났을 때 가능한 표현이다. 요즘은 곱고 어진 것과 상관없이 단지 상대가 내 마음에 들도록 말하거나 행동했을 때도 착하다 한다. 사전적이고 일반적이던 의미가 확장되어 주관적이고 개인적인 표현으로 두루 진화하는 느낌이다.

가격이 착하다는 말을 자주 듣는다. 맛도 착하고 심지어 얼굴과 몸매도 착하다 한다. 맛과 얼굴, 몸매는 맛있고 예쁜 것이지 착한 게 아니다. 그런데도 본래 의미가 퇴색된다는 걱정에 앞서 정말 맛있고 예쁠 것만 같아 들을 때마다 신선하다. 인격 없는 것을 착하다고 하는 어폐에도 불구하고 아무 의심 없이 그 말을 선뜻 믿고 싶어진다.

햇볕이 거실 가득 쏟아지면 나도 모르게 착하다고 중얼거린다. 탁자 위에 쌓인 뿌연 먼지조차 새롭게 느껴져 더는 하찮은 존재로 여겨지지 않기 때문이다. 밝은 햇빛을 받으면 어둡고 우울했던 마음도 어느새 맑고 투명해진다. 잔뜩 움츠려 있던 가슴을 활짝 펴고 거리로 뛰쳐나가 사람들과 함께 나란히 길을 걷고 싶다. 오전 잠깐이나마 찾아와 주는 햇볕이 더없이 고맙고 반갑기만 하다.

다육식물을 보면 착하다는 말을 하고 또 한다. 종일 그늘뿐인 베란다 구석에 처박혀 살가운 말 한마디 제대로 듣지 못한다. 잊을 만해서야 겨우 물 한 모금 얻어먹는 게 전부고 창문도 닫혀 있기 일쑤다. 제때 분갈이 한번 받지 못하는데도 늘 건강한 얼굴로 생글거리는 모습을 보면 마냥 대견하고 기특해서 어깨를 쓰다듬어 주지 않을 수 없다.

엘리베이터 안에서 엄마 등에 업힌 아기를 보면 들리지 않게 착하다고 속삭인다. 여린 몸으로 이 세상까지 오느라 애썼다고. 고생했다고. 아직 태열 기가 가시지 않아 볼때기가 오돌토돌하고 울긋불긋하다. 머잖아 앙증맞은 발가락에 힘이 오르면 서툰 걸음을 하나씩 떼어 세상을 향해 아장아장 내딛기 시작할 테다. 선홍빛 작은 발에 아기 엄마 몰래 쪽 입 맞추고 싶다.

　이야기를 맛깔스럽고 재밌게 잘해 듣는 사람을 유쾌하게 만드는 이웃집 여자도 착하다. 온갖 참견 다 하고 돌아다니는 오지랖 넓은 친구도 관계가 녹슬지 않게 윤활유 역할을 톡톡히 하니 착하다. 아파트 상가 분식집은 김밥을 맛있게 만들고 채소 가게는 싱싱한 물건을 시장보다 싸게 팔아 착하다. 산책길에서 만나는 공원 벤치는 오래된 친구같이 늘 변함없이 곁에 있어 착하다.

　'착하다'는 말에는 순수함이 깃들어 있다. 말하는 순간 상대방의 허물은 온데간데없어지고 듣는 순간에는 맑고 깨끗한 영혼만 남아 마음이 금방 순하고 여려지는 듯하다. 누가 내 머리를 쓰다듬으며 착하다 하면 그 말을 의심 없이 선뜻 믿고 싶어지고 내게도 착한 구석이 하나쯤 있으리라는 희망을 가슴 가득 품게 된다.

　곱고 어진 사람으로 존중받지 못하고 다루기 쉬운 사람으로 업신여겨질 때는 착하다는 말을 듣는 게 달갑지 않기도 하다. 부당한 대우나 화나는 일을 내색하지 않으면 다루기 쉬운 사람쯤으로 착각하는 것 같기 때문이다. 착한 것을 만만한 사람으로 오해한다면 누구라도 착하다는 말

듣기를 반기지 않을 것이다.

  착하다는 말을 많이 듣지 못하고 자랐다. 속으로는 예쁘고 똑똑하다는 말보다 착하다는 말을 더 듣기 원했으면서도 업신여길까 봐 지레 고약한 척 까칠하게 굴기도 했던 것 같다. 이제 와 새삼 듣기를 바라는 것은 염치없는 일이다. 대신 건네기만 해도 강퍅했던 심성이 금방 부드러워질 것 같아 착하다는 말을 자꾸 하고 싶어진다. 아름답고 기특하고 고마울 때마다 두 번 세 번 착하다고 격려해주면 언젠가 메아리처럼 내게도 착하다는 말이 되돌아오지 않을까.

  눈이 내린다. 어느새 나무와 지붕 위를 덮어 세상이 온통 하얗게 변했다. 거실 유리창에 부딪히는 눈송이들을 보며 속삭인다. 나도 저 착한 눈처럼 펄펄 내리고 싶다고. 구석구석 보이지 않는 곳까지 하얗게 내려 잊지 못할 아름다운 한순간을 만들고 싶다고. 어른도 아이처럼 순해지는 시간. 두 손 모아 모든 존재에게 축복의 말 '착하다'를 건네고 싶다.

마음 지우개

 선택이나 결정의 순간이 올 때마다 고민한다. 한 번의 실수가 돌이킬 수 없는 결과를 가져올까 두렵기 때문이다. 삶도 글씨처럼 지웠다 쓰기를 반복할 수 있으면 얼마나 좋을까. 지워버리고 싶었던 삶의 페이지를 훌쩍 찾아 들어가 원하는 스토리로 맘껏 각색하고 돌아 나올 수 있을 테니 말이다. 없었던 일인 듯 쓱쓱 지워버리면 더욱 좋을 것이다.
 초등학교도 입학하기 전이었다. 동네 골목에서 놀다가 커다란 개가 닭을 물어 죽이는 광경을 목격했다. 닭 주인이 뛰쳐나와 뉘 집 개가 그랬냐고 다그쳤다. 친구들이 많았지만 아무도 나서지 않았다. 나는 쭈뼛거리는 아이들을 밀치고 나서며 파란 대문 집 개가 그랬다고 자랑스럽게 소리쳤다. 해 질 무렵 개 주인이 찾아와 자식 교육 똑바로 하지 않았다고 엄마에게 마구 삿대질하며 험한 말을 퍼부었다.

  엄마는 대거리 한번 하지 않았다. 조용히 있어야 빨리 상황을 마무리할 수 있다고 판단했으리라. 동네 사람들도 강 건너 불구경이었다. 다 아는 처지에 어느 한쪽 편을 들어 굳이 거북한 관계가 되고 싶지 않았을 것이다. 다른 아이들처럼 눈치껏 입 다물지 않았다고 엄마에게보다 오빠들에게 지청구를 더 많이 들었다. 어린 나는 무엇을 잘못했는지 몰라 소처럼 말간 눈만 끔벅거렸다.

  말하기를 두려워하고 망설이게 된 것은 그때부터인 것 같다. 짝꿍이 머리띠며 책받침, 지우개, 연필 등을 내리훔쳐 가는 동안 나는 한 번도 내 것이라고 주장하지 못했다. 심지어 그 친구가 다른 아이의 돈을 훔치는 것을 보고도 모른 척했다. 나서야 할 때와 나서지 말아야 할 때를 구분하기도 쉽지 않았지만 침묵해선 안 되는 상황이 확실할 때조차도 나는 바짝 몸을 웅크린 채 앞에 나서기를 끝내 주저했다.

목욕탕에 가면 일없이 맑은 물을 줄줄 흘려보내는 사람을 꼭 만나곤 한다. 신경이 온통 그쪽에 쏠려 있으면서도 선뜻 나서지 못하고 애만 태운다. 그때 자원도 부족한데 물을 낭비하면 어떡하냐며 서슴없이 호통치며 나서는 사람이 있어 겨우 마음 놓는다. 하고 싶던 말을 대신해주니 속이 시원하다. 함부로 나서는 것도 경계해야겠지만 필요할 때 망설임 없이 나설 수 있는 용기가 부럽기만 하다.

친구들처럼 나 역시 시치미 뚝 떼고 구경만 하는 장면으로 되돌아가 본다. 개 주인은 우리 집을 찾아오지도 않았을 테고 엄마 역시 날벼락 같은 봉변을 치르지 않았을 것이다. 사람들 앞에 나설 때마다 두려움을 이기지 못해 잔뜩 움츠러드는 소극적인 아이로 자라지도 않았으리라. 하지만 보고도 못 본 척 눈을 감아버렸다면 말하지 않은 것이 두고두고 가슴에 남아 후회되었을지 모른다.

개 주인이 우리 집에 찾아왔던 그 시간으로 바꿔 돌아가 본다. 엄마는 워낙 성품이 조용했다. 그래도 용기를 내 아이가 본 대로 말한 게 무슨 잘못이냐고, 개의 문제는 개 주인이 책임지는 게 당연하다고, 그깟 닭 한 마리 값 변상해주겠다고 적극적으로 대처했다면 나는 좀 더 밝고 긍정적인 아이로 성장하지 않았을까. 개 주인 역시 겉으로는 씩씩거려도 속으로는 조금이나마 반성하고 돌아갔으리라.

  오래 간직하고 싶은 기억이 있는가 하면 깡그리 지워버리고 싶은 기억도 있다. 간직하고 싶은 기억은 쉽게 잊히는데 지우고 싶은 기억은 오히려 또렷하다. 잊히는 걸 억지로 붙잡지는 못하겠지만 기억하고 싶지 않은 일들은 깨끗이 지워버리고 싶다. 틀린 글씨나 잘못된 문장을 고무 지우개로 깔끔하게 지워버리듯 마음 지우개가 있다면 잊고 싶었던 기억들을 하나씩 꺼내 없었던 일인 듯 말끔히 지워 없앨 수 있으리라.

  언제 어디서든 얼굴 붉히지 않고 꺼내 볼 수 있도록 깨끗한 새 종이에 부끄럽지 않은 그림을 예쁘게 단정하게 다시 그려 넣고 싶다. 크고 네모반듯한 마음 지우개 하나 간절한 날이다.

둘째 딸

 흔히 첫째 딸은 살림 밑천이라고 한다. 집안 살림을 두루 맡아 도움이 되니 큰 자원이라는 뜻이리라. 셋째 딸은 선도 안 보고 데려간다고 했다. 착하고 어여쁜 존재라는 의미일 것이다. 자신의 의지와는 상관없이 단지 태어난 순서만으로 반은 거저먹고 들어가는 셈이다.

 둘째 딸 같다는 말을 가끔 듣는다. 둘째에 대해서는 딱히 들은 바가 없다. 자기밖에 모르는 이기적인 태도를 꼬집는 것이거나 독립적인 성격을 강조하는 것으로 애써 짐작할 뿐이다. 위아래로 치이다 보면 관심과 사랑을 덜 받을 수밖에 없다. 있으나 마나 한 존재나 구박데기 취급을 받지 않으면 그나마 다행인 것이다.

  가난하고 식구 많은 집 맏이로 태어난 언니는 부지런하고 똑똑해서 없으면 오히려 아쉬운 딸이었다. 셋째 딸 여동생은 막내기도 했지만 유순하고 착해서 모두 예뻐했다. 문제는 위치로나 인성으로나 보잘것없는 둘째 딸 나였다. 어머니는 낳은 기억조차 없다는 듯 무심한 마음을 곧잘 들키곤 했다. 손끝 여문 맏딸에다가 예쁘고 살가운 막내딸이 있으니 존재감 없는 둘째 딸쯤 없어도 아쉽지 않았을 것이다.

  공부해라. 일찍 들어와라. 친구들이 흔히 듣는 소리를 나는 퍽 그리워하며 자랐다. 아침에 일어나 학교에 가고 적당히 놀다 집에 돌아와 숙제하는 평범한 일상조차 제대로 해내지 못해 늘 쩔쩔맸다. 해 지기 전에 아이를 불러들이고 서둘러 대문을 걸어 잠그는 친구 엄마가 무척 부러웠다. 혼자 남은 골목에서 긴 그림자를 보며 속삭였다. 우리 엄마도 엄하게 채근하고 살뜰히 거둬주는 사람이었다면 무능한 둘째여도 천덕꾸러기 신세에서 거뜬히 벗어날 수 있을 텐데….

  힘센 형제들에게 먹이를 빼앗겨 빈사 상태에 놓인 아기새를 본 적이 있다. 어미 새는 힘없는 아기새를 돌보기는

커녕 둥지 밖으로 떠밀어 새끼를 아예 세상 밖으로 도태시켜버렸다. 혼자 힘으로 일어서지 못하면 어미조차 새끼를 외면하는 냉혹한 세계가 섬뜩했다. 있어도 없어도 그만인 인생 누가 책임져 줄 것인가. 마음 내키는 대로 살고자 할수록 무엇이 될 것이며 왜 사느냐는 문제가 명징해서 뒷덜미가 서늘했다.

거친 들판에 뚝 떨어진 아기 새처럼 되지 않기 위해 나는 '나'라는 화두 하나에 매달려 천착하기 시작했다. '나는 왜 이리 못났을까. 나는 저렇게 되지 말아야지. 나는 어떡하나. 나는 또 나는….' 언니나 동생처럼 여문 사람은 못 되어도 아기 새처럼 불쌍하게 낙오되진 않겠다며 안타깝게도 나로 시작해 나로 귀결되는 옹졸한 삶에 깊이 매몰되고 말았다.

어머니는 그런 둘째 딸이 끝내 미덥지 않았던가 보다. 걸핏하면 사람 구실은 제대로 하려나 모르겠다며 끌끌 혀를 찼다. 어머니가 키운 둘째 딸이니 다른 건 몰라도 독립심만은 뒤지지 않는다고, 내 몸 하나 건사하지 못해 걱정시킬 일은 절대 없을 거라며 큰소리치곤 했다. 하지만 사람 구실이라는 것이 제 한 몸 잘 거두는 것으로 그만이라면 어머니는 다 자란 딸이 못 미더워 그토록 혀를 차지 않앉으리라.

  편식하는 아이는 어느 부분 지나치게 발달하고 또 어떤 면으로는 턱없이 부족하다. 내 일에는 사소한 것에조차 집중을 잘하면서도 남의 일엔 도통 냉정하고 무관심하다. 환경 때문이든 성격 탓이든 혼자라는 생각에 갇혀 함께하는 세상은 제대로 배우지 못한 탓이다. 누군가의 손길이 모여 부족하나마 지금의 내가 존재하는 줄도 모르고 어른이 되어서조차 자신밖에 모르니 둘째 딸인 나의 한계는 어쩔 수 없나 보다.

  중간에 끼어 어느 쪽에도 속하지 않는 외로운 존재가 둘째인 줄 알았다. 하지만 양쪽으로 기댈 수 있어 오히려 든든하고 위아래를 두루 아우를 수 있으니 더없이 소중한 자리가 둘째임을 깨닫는다. 차고 넘치는가 하면 부족한 사람도 있고 같은 사람이라 할지라도 때론 넘치고 때론 부족하다. 힘들 때는 남에게 기대기도 하고 혹은 좁은 어깨나마 선뜻 내어줄 수 있는 둘째 같지 않은 둘째를 소망해 본다.

어르신

 생면부지인 사람들과 한 팀이 되어 패키지여행 중이다. 가까이 어울리던 젊은 친구가 느닷없이 내게 '어르신!' 한다. 처음 듣는 호칭이라 얼떨떨하다. 나이보다 들어 보인다는 말을 가끔 듣긴 했어도 아직 어르신 소리를 들을 정도는 아닌 것 같아 당황스럽다.
 마땅한 호칭을 찾지 못해 얼떨결에 튀어나온 말 아니었을까. 그래도 귀에 닿고 보니 어째 마음이 복잡하고 혼란스럽다. 어른 노릇 제대로 하라는 우회적인 충고 같기도 하고 하는 짓이 어른답지 못해 일부러 어르신이라며 비웃는 것 같아 뒤숭숭하고 심란하다. 역지사지라고 하던가.

문득 예전에 살던 아파트 아래층 할머니가 떠오른다.

서로 왕래가 없는 처지라 나와 할머니는 주로 엘리베이터에서 마주치는 편이었다. 어느 날 우리 집 층수 버튼을 눌렀더니 기다렸다는 듯 내게 호수를 물었다. 바로 위층 사람인 것을 확인하고는 또 손주들을 돌보느냐고 했다. 내외뿐이라 했더니 아이들도 없는데 왜 한 번씩 쿵쿵거리냐며 갑자기 분위기를 썰렁하게 만들었다.

다 큰 자식들은 객지에 나가 생활하고 있었다. 그 애들을 보고 오기 위해 나는 월례행사처럼 일주일, 열흘씩 집을 비운다. 남편도 아침 일찍 나갔다가 밤늦게 돌아와 집에 있는 시간은 거의 잠잘 때뿐이다. 절간같이 조용한 집에서 무슨 소리가 난다는 것인지 내심 의아했다. 다른 집에서 나는 소리를 착각한 것이려니 여기고 예사로 흘려버렸다. 그런데 무심한 나와 달리 할머니는 집요했다. 만날 때마다 같은 말을 반복해 어색하고 불편하게 헤어지길 수차례였다.

어느 날 퇴근해 들어오던 남편이 몹시 흥분해 있었다. 그동안 할머니는 나뿐만 아니라 남편에게도 같은 말을 여러 번 되풀이했던가 보다. 잘잘못을 떠나 이웃 간에 너무 배려 없이 따지는 것 같아 몹시 화가 났단다. 더는 참을 수 없어 할머니에게 볼멘소리 한마디 내뱉고 씩씩거리며 들어선 참이었다. 내게 말해도 소용없으니 양면 공격으로 작전을 변경했을까. 대수롭지 않은 일이 큰일로 번질까 가슴이 철렁했다.

예민한 이웃을 둔 것이 죄라면 죄일 테다. 우리 부부는 덩치도 작아 발걸음 소리도 크지 않고 청소도 자주 하지 않는 편이다. 달리 개선할 것도 없었지만 뭐라도 해야 할 것만 같아 고민하다가 신고 있던 실내화를 발견했다. 쿵쿵거린다고 했던 것으로 보아 혹시 걸음을 걸을 때마다 실내화가 덜컥거리는가 싶어 덧버선으로 교체하고 걸음도 최대한 살살 떼었다. 우리가 할 수 있는 일이 더는 없는 것 같았다.

오랜만에 엘리베이터에서 할머니와 마주쳤다. 남편과 언짢게 헤어졌다는 소리를 들은 터라 껄끄러운 마음 없지 않았다. 그래도 변변한 대책은 아니지만 나름 신경을 썼고 화해도 할 겸 애써 안부 인사를 건네려 할 때였다. 할머니가 쭈뼛쭈뼛 눈치를 살피더니 전과 다름없는 얼굴로 여전히 같은 말을 되풀이하는 게 아닌가.

"어르신, 사람이 살고 있는데 어찌 소리가 나지 않겠는지요!" 얼떨결에 튀어나온 말이었지만 나도 당황스러웠다. 어르신이라고 하면 신중하지 못했던 자신을 나무라며 반성할지 모른다는 얍삽한 계산이 은연중 깔려 있었기 때문이다. 나이 차이도 많지 않으면서 어르신이라는 호칭까지 앞세워 평소 못마땅하던 마음을 은근히 드러내고 싶은 심보가 발동한 것이다.

나이가 들면 너그럽고 현명해져 저절로 어른이 되는 줄 알았다. 막상 어르신 소리 들을 나이가 가까워 주위를 돌아보니 오히려 반대의 경우가 더 많은 것 같아 안타깝기만 하다. 어린아이처럼 상대를 배려할 줄 모르고 자신만 내세우는 어른을 자꾸 마주치게 되니 말이다. 젊은이가 내게 어르신이라고 부른 것이 마치 그런 이유인 것만 같아 망치로 머리를 한 대 얻어맞은 듯 정신이 번쩍 든다. 노년이 추해 보인다면 외모 때문이 아니라 인성 탓이리라.

어르신이라는 호칭에는 공경과 신뢰의 마음이 깔려 있다. 중심과 힘이 느껴진다. 비겁하지 않고 변명하지 않으며 부끄러움을 아는 사람. 이끌어주고 보듬어주고 배려할 줄 아는 사람이 진정한 어르신 아닐까. 나이만 많다고 무조건 붙일 수 있는 호칭이 아닌 것이다. 사용하는 사람과 듣는 사람 모두 신중하고 조심해야 할 호칭이 바로 '어르신'이다.

하루살이처럼

 두어 달 전 해안가에 있는 아파트 11층으로 이사했다. 베란다 한쪽으로 바다가 그림처럼 펼쳐진 곳이다. 크고 작은 배들이 항구를 들락거리고 작은 섬 하나가 밤낮없이 보초를 서고 있다. 석양에 반사된 물결 위를 갈매기들이 눈부시게 날아다닌다.
 아직 앞만 보고 부지런히 걸어야 할 때다. 그런데 어찌 된 일일까. 처음엔 그토록 아름답던 바다 풍경이 어느새 시시하고 허무하니 말이다. 빨래를 널다가 아찔한 풍경과 마주치면 무엇에 홀린 듯 날아가고 싶다는 충동이 일어 섬찟하다. 무의미하고 힘겨웠던 시간을 자꾸 곱씹게 된다.

눈부신 바다를 내려다보기는커녕 창문 가까이 다가서기도 이제 꺼려진다.

  살림을 한창 일구던 때였다. 17평 서민 아파트 1층이 우리가 마련한 첫 번째 내 집이었다. 방은 항상 어두웠고 창문을 열어도 보이는 것은 맞은편 콘크리트 벽이 전부였다. 작고 갑갑한 집을 탈출하기 위해 월급을 쪼개고 또 쪼개었다. 하지만 현실의 벽은 꿈을 이룰 수 있도록 쉽게 허락하지 않았다. 동동거리며 애를 태우는 사이 그 꿈은 앞집 여자에게 먼저 찾아왔다.

  높은 층일 뿐만 아니라 평수도 훨씬 넓은 새 아파트였다. 창밖에는 파란 하늘이 여봐란듯이 펼쳐져 있고 내려다보면 까만 지붕들이 까마득했다. 나도 언젠가 이런 집에서 꼭 살리라며 이를 앙다물고 돌아온 지 서너 달쯤 후였다. 그녀가 아파트 옥상에서 투신했다는 끔찍한 사실을 뉴스를 통해 확인했다. 그녀의 감춰진 아픔을 헤아리지 못한 자책으로 한동안 넋을 잃었다. 두고 간 어린 자식들이 눈에 밟혀 그녀의 무책임한 선택에 치를 떨기도 했다.

  서민 아파트는 셋방살이나 겨우 면해주는 중간역에 불과하다. 종착역인 줄 알고 찾아들지만 살다 보면 내 집이라는 위안 이상의 만족은 주지 못한다. 부족함은 채우고 싶은 열망을 일으킨다. 한 푼이라도 아끼기 위해 아옹다옹하다 보면 앞만 보고 걷기에도 숨이 찬다. 뒤돌아볼 여유나 나쁜 생각이 끼어들 공간이 아예 생기지 못하는 것이다.

  높고 강이 내려다보이는 곳에 사는 사람은 그렇지 않은 곳에 사는 사람들에 비해 자살 확률이 높다고 한다. 크고 유명한 다리 위나 경치 좋은 바닷가에서 비극적인 일이 많이 발생하는 것도 같은 이유일 것이다. 물은 탄생을 의미하지만 죽음을 상징하기도 한다. 잔잔한 바다를 가만히 내려다보고 있으면 마치 삶이 막바지에 이른 것 같은 착각이 인다. 더 나은 곳으로 가고 싶다는 열망과 꿈을 잊게 한다. 비록 안으로는 깊은 상처가 있었을망정 서민 아파트 1층에 계속 머물렀다면 그녀는 토끼 같은 자식들을 두고 그토록 잔인한 선택을 하지 않았으리라.

  이 집은 일자형이긴 해도 라인별로 들쑥날쑥한 한 동짜리 아파트다. 가장자리부터 안으로 들어간 첫 번째 라인 11층이 바로 우리 집이다. 베란다에서 내다보면 툭 튀어나온 옆집 벽이 바다를 삼 분의 일쯤 가리고 있다. 보이는 쪽 바다 건너편에는 육지가 있고 가려진 곳은 수평선이 있는 먼바다 쪽이다. 저 벽만 없으면 전망이 훨씬 더 좋았겠다며 다녀가는 사람마다 입맛을 다시며 아쉬워한다. 겉으로는 맞장구를 치면서도 속으로는 탁 트인 바다 절대 사절이라며 고개 젓는다.

  원하는 만큼 다 보게 되면 헛헛함은 더욱 커질 것이다. 보이는 것이 적을수록 상상의 폭은 넓어지고 언젠가 마저 볼 수 있다는 희망도 품을 수 있다. 하루살이는 태어나자마자 온 힘을 다해 사는 일에 집중한다. 죽음이 가까이 있기에 죽음을 가늠해볼 겨를이 없는지 모른다. 불확실한 내일에 매달리지 말고 하루살이처럼 주어진 오늘 하루가 전부인 듯 죽을힘을 다해 살아갈 일이다.

터미널에서

 대합실 공기가 상그럽다. 저마다 들고 있는 가방이 색깔도 크기도 주인 얼굴만큼 다채롭다. 드디어 나도 저런 가방을 메고 꿈에 그리던 세계로 탈출하는가. 영원히 돌아오지 않는다면 그림은 더욱 완벽할 것이다. 최소한의 과거만 추려 담은 가방이 거뿐하다.
 지루한 일상에서 벗어나 동경하던 나라로 망명하는 꿈은 여행을 더욱 흥미롭게 한다. 반복되는 생활의 억류로부터 며칠 탈출하기 위해 익숙했던 시간을 외면하는 게 어디 쉬운 일인가. 내 한 몸 호사를 위해 치러야 하는 남은 가족들의 불편도 모르는 척 질끈 눈을 감는다. 그동안의 인생쯤 가볍게 포맷해버리고 무엇을 하며 어떻게 살았는지 가늠할 수 없는 얼굴로 떠나기로 작정한다.

꿈의 나라로 가는 기차나 여객선 또는 비행기. 미련 없이 탑승한다. 늘 고만고만해서 도무지 구분되지 않던 어제와 오늘. 번번이 충돌하던 생활과의 불협화음만 아니었다면 나는 알량한 신념이나마 끝까지 지키겠다고 노력했을지 모른다. 아쉬움은 뒤로하고 더디기만 한 도착을 즐기기 위해 애써 잠을 청한다. 집을 떠날 때 미처 완성하지 못했던 그림, 나를 손꼽아 기다리고 있을 미지의 세계나 마저 상상해 보자.

위로는 뜻밖에도 아주 사소한 것들에서 얻을 수 있으리라. 다른 사람이 차려놓은 밥상에 둘러앉아 도란도란 이야기꽃을 피우고 낯선 음식에서 그토록 갈망하던 변화를 시식한다는 것이 얼마나 가슴 설레는 일인지. 모닝콜이 달콤한 잠을 훼방하겠지만 게으른 나는 강제적인 부지런이 반가워 기꺼이 새벽공기와 조우할 것이다. 아찔한 풍경은 찌든 영혼을 맑게 씻어내 주고 이국 사람들은 낯선 망명객에게 눈을 맞추며 따뜻한 미소로 환영의 인사를 밝게 건네주리라. 아침이면 뜨고 저녁이면 지는 해가 정녕 조국에 있는 해와 같은 천체임을 믿지 못할 것이다.

어느새 잠이 들었을까. 좁은 좌석에 아무렇게나 구겨 넣은 몸을 뒤척거리다 소스라친다. 떠나던 날 상상의 나래를 펴다 깜빡 잠이 든 그 순간인 줄 착각한 것이다. 상상에 이어 계속 꿈을 꾸고 있었던 듯 망명지에서 보낸 며칠간의 여정이 아득하기만 하다. 새로운 땅에 영원히 뿌리내리자며 어린아이처럼 마냥 들뜨지 않았던가. 부풀었던 가슴을 겨우 추슬러 귀향길에 오른 탓일까. 혼곤한 몸과 마음이 자꾸 거추장스럽다.

그랬다. 꿈의 나라는 내가 기대했던 것보다 훨씬 낭만적이었다. 친절했고 극진했으며 호사스러웠다. 하지만 너무 완벽한 그림이어서 포기할 수밖에 없었던 것 역시 거역할 수 없는 현실이다. 편하고 달콤한 것은 짧아야 제맛이고 아름답고 신비로운 것일수록 아껴야 한다. 비어 있는 마음자리 하나 없이 모두 채워버린다면 가슴에 남는 것은 지독한 허무뿐일 테다. 꿈을 꾸지 않는 삶은 현실보다 더 비참하기에 아쉽지만 기꺼이 돌아올 수밖에 없었다.

터미널은 떠날 때처럼 여전히 여행객들로 북적인다. 누군가는 떠나고 누군가는 돌아온다. 삶이란 늘 적당히 고달픈 것이고 무료한 것으로 따지면 행복보다는 불행이 덜할지 모른다. 고단함과 달콤함 다음에는 반드시 도돌이표가 그려진 악보 위에 다시 서게 되는 것. 그래서 돌아올 수밖에 없고 돌아오지 않으면 단 한 걸음도 앞으로 나갈 수 없는 것. 나는 저들의 용기가 부질없다며 말리고 싶지 않다. 떠나보지 않으면 어떤 곳에서 어떤 모습으로 왜 견디며 살아야 하는지 영원히 깨닫지 못할 것이기 때문이다.

  여행은 터미널 대합실에 놓인 의자 같은 것이면 족하지 않을까. 잠시 다리를 접었다가 길을 떠나거나 먼 곳에서 돌아와 잠시 다리를 접을 수 있는 쉼표 같은 것. 나는 이제 생활에 지치고 지쳐 더는 숨을 쉬기가 고통스러울 때만 터미널을 찾을 것이다. 그리고 오래 앉아 있지 않고 서둘러 일어나리라. 세으름과 위선, 좌절과 외로움이 있는 내 집으로 기꺼이 돌아오기 위해.

강낭콩

 밥솥 뚜껑을 연다. 갓 지은 밥에서 뜨거운 김이 모락모락 피어오른다. 쌀은 보이지 않고 강낭콩만 수북하다. 침이 꿀꺽 넘어간다. 쥐었던 주걱을 내려놓고 정신없이 콩을 주워 먹는다. 한 알 두 알…. 반 배나 찰 만큼 거둬 먹고 나니 벌건 엄지와 검지가 영락없는 강낭콩이다.
 강낭콩은 알이 굵어 존재감이 크고 맛도 진국이다. 한 알만 씹어도 파슬파슬한 식감이 혀를 자극한다. 팥보다 달콤하고 누룽지만큼 구수하다. 바싹 마른 콩 한 줌을 물에 담가두면 양은 두 배 넘게 불어난다. 그 콩으로 밥을 지으니 살이 더 올라 아기 볼처럼 통통하다. 실컷 먹을 요량에 대중없이 넣었더니 밥인 듯 시루떡인 듯 푸짐하다.

  하얀 백설기는 담백하고 깔끔하다. 하지만 심심한 맛에 금방 물려 손이 두 번 가기 어렵다. 한 조각이면 충분하다. 강낭콩이 드문드문 박힌 시루떡은 다르다. 순수한 쌀가루 맛이 지루하다 싶을 때 굵은 콩 한 알 파삭하고 씹히면 언제 그랬냐는 듯 식욕이 돌변한다. 구수하고 달콤한 맛이 덮쳐 콩 몇 알 먹기 위해 시루떡을 몇 개나 축내는지 모른다.

  강낭콩의 진가는 호박죽에서도 빛이 난다. 달콤하고 부드러운 호박죽은 콩이 없어도 늘 반가운 먹거리다. 하지만 더러 붉은 콩이 들어 있으면 더는 평범한 죽이 아니다. 일품요리다. 단조로운 맛에 감미로움이 더해 대번에 다채로운 죽 맛으로 격상하는 것이다. 한 솥 가득 끓여도 강낭콩은 두어 줌이면 충분하다. 서너 술 건너 한 개만 들어 있어도 맛은 너끈히 풍부하고 넉넉해져 귀한 음식 대접을 하게 된다.

  비빔밥을 좋아하지 않는 편이었다. 갖가지 나물이 뒤섞여 재료 고유의 맛을 제대로 느낄 수 없기 때문이다. 비빔국수도 여러 가지 양념이 뒤섞인 게 싫어 달랑 고추장 하나만 넣어 비벼 먹곤 했다. 엄마의 밥에는 콩이 들지 않은 때가 거의 없었다. 서리태, 완두, 녹두, 팥, 강낭콩, 노란 대두까지…. 끼니때마다 뒤질세라 번갈아 섞여 있는 콩밥을 마주할 때마다 오롯이 맨 쌀로만 지은 밥을 먹는 게 소원이었다.

내가 물린 밥그릇에는 늘 콩이 수북했다. 어느 때는 콩을 모두 골라 엄마 보란 듯이 상 위에 나란히 펼쳐 놓기도 했다. 그나마 다른 콩들은 맛과 향이 튀지 않아 가끔 모른 척 넘길 때도 있었다. 하지만 강낭콩은 시간이 흘러도 익숙해지지 않았다. 쌀과 강낭콩이 뒤섞여 들쩍지근한 밥에 짭짤한 반찬이 섞이면 그만 숟가락을 놓고 싶었다.

엄마는 그래도 꿋꿋했다. 넣기를 더러 잊을 때 빼고는 거의 날마다 콩밥이었다. 쌀은 귀하고 콩은 흔하던 시절이라 콩을 많이 섞어 밥양을 늘리려는 속셈도 한몫했는지 모른다. 하지만 무엇보다도 엄마는 콩을 좋아했다. 없는 살림에도 걸핏하면 콩과 팥을 듬뿍 넣어 시루떡을 쪄냈으니 말이다. 가랑비에 옷이 젖어 들 듯 나는 엄마의 딸로 자라면서 강낭콩 맛에 대책 없이 길이 든 것일까.

강낭콩을 먹으면 동화 〈잭과 콩나무〉가 떠오른다. 가난한 소년에게 수많은 보물을 안겨다 준 마술사 같은 콩나무. 동화를 떠올릴 때마다 나는 그 나무가 마치 건강하게 잘 자란 강낭콩 줄기인 것처럼 착각하곤 한다. 조그만 쌀 몇 알이 보름달만 한 뻥 과자로 튀겨져 나오듯, 값싸고 보잘것없는 강낭콩 한 알에서 금싸라기 같은 맛이 주렁주렁 딸려 나오기 때문이다.

 튀는 강낭콩 맛에 적응하면서 까칠했던 입맛도 많이 변했다. 나물이 뒤섞인 비빔밥도 이제 잘 먹는 편이고 비빔국수에 든 고명도 더는 거부하지 않는다. 자주 어울리다 보니 편해진 친구처럼 익숙하고 자연스럽다. 강낭콩은 한 알만으로도 입맛을 돋우는데 한 주먹 넘게 주워 먹고 나니 잃었던 밥맛이 돌아와 껄끄럽던 혀가 다시 말랑말랑하다.

 밥에 강낭콩을 너무 많이 넣으면 향이 강해 반찬의 맛을 훼방한다. 드문드문 적당해야 서로의 맛을 해치지 않고 조화롭다. 자신을 드러내지 않고도 든든하고 아름다운 배경이 되기 위해 스스로를 잘 단속하라는 의미로 받아들인다. 겉은 화려하지 않아도 속은 꽉 찬 사람, 조금만 넣어도 맛이 확 살아나는 강낭콩 같은 존재가 되고 싶다.

실개천 백로

 백로다. 바쁜 것도 없이 허둥대던 걸음을 멈춘다. 작은 실개천이지만 비 온 뒤라 물살이 제법 거칠다. 부러질 듯 가냘픈 두 다리가 쿨럭거리는 냇물에 반쯤 잠겼어도 흔들림 하나 없다. 가늘고 긴 목을 잡아당겨 뾰족한 부리로 물속을 겨냥한다. 다리도 머리도 이내 정지된 화면처럼 고요하다. 시간이 멈춘 듯하다.
 풀숲에 숨어 먹잇감을 노리고 있던 사자를 떠올린다. 폭풍 전야 같은 긴장으로 숨이 멎을 것 같았다. 움직임 전혀 없는 화면이건만 필름은 계속 돌아가고 시간 역시 째깍째깍 잘도 흐르던 것을. 지금 백로는 마치 그림 같다. 발아래

물이 콸콸 흐르든 말든 천변 야생초가 바람에 살랑거리든 말든 시공간을 모두 멈춰 세운 듯 홀로 무아지경이다.

  숨죽임이 아니라 정말 숨이 멎었는지 모른다. 자신조차 잊은 경지를 물고기가 어찌 의식할 수 있을까. 긴 기다림의 시간만 극복하면 백발백중이겠다. 하지만 물고기도 만만한 상대는 아니다. 백로의 멈춤이 초감각적이듯 물고기의 움직임 역시 순간이고 말초적이다. 필시 공격보다 달아나는 속도가 더 빨라 빈틈을 노리지 못하면 하마 굶고 말 테다.

  한 발 두 발…. 드디어 발을 뗀다. 기다림에 지쳤을까. 기회가 아니다 싶었을까. 자세를 겨우 고쳐 세우더니 물속 넓적한 바위 위에 두 발 담근 채 다시 동중정이다. 가늘고 긴 목이 향한 곳은 이제 먼 하늘이다. 긴장을 내려놓으니 풍경이 한결 느슨하고 한가롭다. 허기 따위 잊었다는 듯 초연하고 고고한 자태가 영락없는 조선 선비다. 맹물을 마시고 이 쑤시며 헛기침하는 가난한 양반 족속이 따로 없다.

  먼 하늘 향한 시선이 한 폭 그림인 듯 평화롭다. 어쩌면 사냥을 위한 겨냥이 아니었는지 모른다. 혹 물고기 친구들 안부도 궁금하고 먼데 다녀온 얘기 들려주기 위해 습관처럼 찾아드는 사랑방 같은 곳 아니었을까. 하지만 초연 뒤에 어린 헛헛함을 끝내 읽고 만다. 속으로는 먹이를 놓쳐 마음 폭폭하면서도 겉으로는 아무렇지 않은 척 애써 감추고 있는 가난한 선비의 허세 같은 위장 말이다.

  동물들은 먹이를 축적하지 않는다. 배가 고파야 겨우 사냥을 나서겠지만 매번 성공하긴 쉽지 않을 것이다. 인간인 나는 평생 먹을 수 있는 식량을 쌓지 못해 늘 불안하다. 자식은 물론 손주 걱정까지 시름이 산더미다. 끼니때마다 사냥을 나서야 하는 짐승이나 넘치는 먹이에도 만족 못 하는 인간이나 생존이 불안하긴 마찬가지다.

  삶의 대가가 이토록 모진데도 살아있는 게 속없이 고마울 때 있다. 천변 주위는 온통 고층 아파트와 상가뿐이다. 예전에는 환경이 좋지 않아 새들이 안심하고 찾아들 수 없는 척박한 곳이었다. 수년 전 생태하천 복원사업을 거쳐 친환경 공간으로 거듭나는 중이다. 서식지에 비하면 소박하지만 언젠가부터 백로며 왜가리, 오리 가족이 찾아와 사람들과 평화롭게 공존하고 있다.

  백로는 보기와 달리 더럽고 오염된 곳에서도 잘 적응한다. 1급, 2급수 가리지 않고 먹이 활동이 가능하다. 두루미, 황새, 따오기 등이 서식지 파괴나 공해 따위로 멸종 직전에 몰린 것과 크게 비교된다. 깨끗한 곳에만 갈 것 같은 이미지는 인간이 만들어낸 편협한 시선일 것이다. 살아남기 위한 생존전략을 탓하진 못하리라. 주어진 환경을 기꺼이 받아들이고 극복하는 자세를 오히려 배워야 하지 않을까.

골목길을 걷다 자투리땅에 앉은 초라한 오두막집 앞에서 발길 멈추곤 한다. 담벼락 아래 놓인 들꽃 화분 몇 개에 울컥 마음 뺏기는 까닭이다. 가진 것 없다고 희망을 잃었다면 애써 꽃을 피워내지도 않았을 것이다. 너나없이 불안한 생존에도 꿈을 잃지 않는 것은 소박한 풍경 속에도 크고 아름다운 우주가 담겼음을 매일 발견할 수 있기 때문이리라.

백로에게도 실개천이 그런 곳이었으면 하는 작은 바람이 인다. 소박한 풀꽃들이 오종종하게 피어 있는 좁은 골목처럼 실개천도 하늘에서 내려다보면 잠시 날개 접어 쉬어가고 싶은 오두막 같은 곳 아닐까. 내일은 또 내일의 몫이 기다리고 있을 테다. 먹이 놓쳐 허전하고 폭폭해도 자세 고쳐 하늘 한번 쳐다보며 다시 느긋하고 여유로운 평온을 되찾았으면 하는 마음 넌지시 건네본다.

진흙 속에서 미꾸라지 한 마리 꿈틀한다. 얼마 전 사람들이 방류한 것이다. 내일까지 기다리지 않아도 될 것 같아 다행이다. 백로는 실개천에서 인정을 줍고 나는 오늘도 백로에게서 도시의 자연을 읽는다.

나태 지옥

영화 〈신과 함께〉를 보고 있다.

저승에 간 주인공이 염라로부터 배신, 폭력, 천륜, 살인, 나태, 거짓, 불의 등에 대한 죄를 심판받는다. 나 역시 일곱 가지 죄에서 결코 자유롭지 못하다. 다만 변론의 여지는 있다고 애써 마음 추스르다가 '나태'에 이르러 그만 입을 닫고 만다. '자신에게 주어진 삶을 무위도식과 태만으로 일관해 고귀한 인생을 허비한 죄'가 명백하기 때문이다.

실업자로 지내다 직장 얻자마자 결혼하고 곧이어 출산했다. 아이들 걷기 시작하면, 초등학교 입학하면 하고 복귀를 꿈꾸다 육아와 직장 생활 병행이 자신 없어 그만 포기하고 말았다. 시간 여유가 찾아왔을 때는 이미 편안함에 깊이 중독되어 있었다. 하는 일 없이 놀고먹는 것이 부끄럽다 싶다가도 무위도식도 삶의 한 양태라며 큰 고민 없이 안주安住를 선택했다. 세상엔 일밖에 모르는 개미가 너무 많다고, 더러 노래 부르는 베짱이도 필요하다며 두 눈을 질끈 감아버린 것이다.

태만도 만만치 않다. 등단한 지 이십 년 가까이 되었어도 작품집 한 권 발간하지 못했다. 문우들은 늦어도 4, 5년이면 개인 저서 한 권쯤 뚝딱 발간해 적어도 두세 권씩이다. 그들은 신 모르게 아주 느리게 가는 시계라도 따로 차고 있을까. 주어진 하루는 똑같이 24시간인데 나와 그들의 시계가 흐르는 방식은 천지 차이다. 느리고 게으른 습성으로는 부지런한 사람들 흉내조차 내기 어렵다며 일찍 포기했던 마음이 한몫 더 거들었는지 모른다.

육십여 년을 허투루 경영한 죗값을 어떻게 받아야 하나. 죄 갚음 하겠다고 산 자가 일부러 저승까지 찾아갈 수도 없으니 이승에서 달게 벌 받을 방법은 실형밖에 없으리라. 5년 또는 10년…. 아니 더 무거운 벌인들 무슨 염치로 마다할까. 더한 중벌 아닌 것만도 다행이라며 넙죽 엎드려 받아도 부족할 테다. 자유 없는 삶에다가 조용히 혼자 있지 못하는 고통까지 더해 끝 모를 나락으로 떨어진들 누굴 원망할까.

신영복 교수는 저서 〈감옥으로부터의 사색〉에서 겨울에는 옆 사람 체온으로 추위를 버텼고 여름에는 그 체온을 증오하며 무더위와 사투를 벌였다 했다. 네다섯 평에 열 명 넘게 수용되었다던가. 한 사람에게 허용된 공간은 반 평도 채 되지 않는 셈이다. 좁은 공간에서 현미경 들여다보듯 볼꼴 못 볼 꼴 죄 보고 또 보여줘야 하는 것. 욕구에 따른 기본 생활조차 감출 수 없다면 차라리 감옥보다 지옥이 더 나을지 모른다.

언젠가 사람들 앞에서 징역살이하면 좋겠다고 실언한 적 있다. 어울리지 않게 웬 감상주의냐고 핀잔만 들었다. 크고 작은 허물 앞에 누군들 당당하고 떳떳할 수 있을까. 쥐꼬리만 한 양심이라도 가지고 있다면 죄의식이라는 굴레에서 자유롭기 쉽지 않을 것이다. 나태한 자신이 벌 받아 마땅하다는 생각, 강제로라도 묶였다 풀려나면 거듭날 수 있으리라는 간절한 마음에 나도 모르게 불쑥 튀어나온 말이 아니었던가 싶다.

하루 세끼 꼬박꼬박 챙겨 먹을 수 있고 같은 시간에 자고 또 일어나는 등, 삶의 기본자세나마 바꿔보려는 목적이었다면 교도소에 앞서 군대를 먼저 떠올렸을 것이다. 굳이 수인의 삶에 관심 둔 것은 영어의 몸이 되어 육체와 정신 모두 고통스러운 환경에 놓여봐야 비로소 나태라는 고질병에서도 벗어날 수 있으리라는 절실함의 표현 아니었을까. 게으른 자신을 너무 잘 알기에 가능한 상상인 것이다.

자유라는 말에 쉽게 꼬인다면 비자유를 통해 스스로를 먼저 통제하고 볼 일이다. 방만한 자신을 구속하지 않고서는 무위도식과 태만을 단속하기 쉽지 않기 때문이다. 부지런한 세계에 쉽게 적응하지 못하는 것은 낭만적 사고에 빠져 지나치게 자유로움을 쫓은 경향도 없지 않다. 3D 영상 속 나태 지옥에서는 한순간도 쉬지 못하고 끝없이 몸을 움직여야 하는 벌을 받고 또 받는다. 저승은 죽음 없는 곳이니 형벌 역시 끝도 없으리라. 지은 죄보다 몇천 배나 더 갚아야 할지 모른다.

마음이 감옥이라 했던가. 달라져야지 하면서도 뒤돌아보면 어느새 일 년, 십 년이 훌쩍 지나 여전히 그 자리다. 평생 불안해하면서도 이 나이가 되도록 갱생하지 못했으니 말문이 막히지 않으면 오히려 이상하다. 남은 시간도 울타리 없는 감옥에 갇혀 후회 가득한 삶을 살 게 뻔하다. 맞다, 내가 생각해도 지은 죄 가볍지 않은 나는 죄인이다.

손안의 세상

 나는 아날로그 세대다. 손 글씨로 직접 편지를 쓰고 구식 캐논 카메라에 코닥 필름을 넣어 사진을 찍었다. 책꽂이에는 두툼한 가정대백과사전이 스물다섯 권이나 꽂혀있었고 국어사전과 옥편을 애인처럼 끼고 살았다. 그래도 전혀 불편하거나 불행한 줄 몰랐다.
 어느 시대든 더 편리하게 진화하지 않으면 현재 방식은 늘 최상, 최적으로 느껴질 수밖에 없다. 휴대전화를 손에 들고 걸어 다니며 통화를 하고 무궁무진한 컴퓨터 기능이 스마트폰 하나에 압축될 줄 상상이나 했을까. 원하든 원하지 않았든 생활은 더욱 간편한 쪽으로 빠르게 리모델링

되었고 알게 모르게 손바닥만 한 기계의 노예가 되고 말았다.

아침에 눈을 뜨면 누운 채로 더듬거리며 핸드폰 먼저 집어 든다. 신문사 앱에 들어가 전체 머리기사를 대충 훑은 뒤 개별 챕터로 들어간다. 정치, 경제는 관심이 없어 패스하고 사설과 칼럼은 웬만큼 읽는 편이다. 사회란도 건너뛰고 문화나 스포츠 면에 들어가 관심 가는 내용만 대충 훑은 뒤 앱을 빠져나온다. 취향에 맞는 기사만 골라 읽으니 시간도 절약되고 종이신문이 쌓이지 않아 집안도 깔끔하다.

낮에도 핸드폰은 주로 손안에 머문다. 필요한 물건을 찾아 주문까지 마치고 나면 반나절이 훌쩍 넘어간다. 세상엔 모르는 낱말도 너무 많다. 신조어뿐만 아니라 모르는 영어 단어까지 넘쳐 핸드폰이 손에서 놓여날 겨를이 거의 없다. 예전 같으면 깨알 같은 사전 뒤적이는 게 귀찮아 포기했을 텐데 요즘은 검색이 쉬워 아는 낱말도 일부러 찾아 한 번 더 확인한다. 상식이든 생활 정보든 궁금한 것은 모두 핸드폰으로 해결한다. 검색을 위해 사는 건지 살기 위해 검색하는지 헷갈릴 정도다.

밤에 자려고 누워서도 습관처럼 핸드폰을 집어 든다. 지

나간 앨범을 시기별, 날짜별로 찾아 들어가 동영상도 보고 사진도 본다. 손자 영상 밑에 그리움이나 충고의 말 등 짧은 댓글을 남기고 나오면 멀리 있어도 곁에 있는 듯 흐뭇하다. 기계의 노예가 되진 말아야지 하다가도 화질이 좋은 최신 사양으로 하루빨리 바꿔야지 한다.

 잠시라도 핸드폰이 없으면 마치 정전이라도 된 듯 눈앞이 깜깜하다. 채 충전도 되지 않은 전화를 뽑아 손 닿는 곳에 두어야 비로소 안심이다. 나이 든 사람도 이 지경인데 핸드폰과 한 몸이다시피 한 젊은 사람들은 오죽할까. 이동통신 기술은 십 년 단위로 한 단계씩 발전하고 있다. 이제 막 보급된 새로운 기술이 보편화되면 편리에 따라 생활은 더욱 업그레이드될 것이다. 아날로그 세대든 디지털 세대든 기계 사용률은 지금보다 훨씬 더 올라갈 것이다.

 블록버스터급 재난에 인류는 지금 바람 앞의 등불이다. 열과의 전쟁은 반도체 생산 이후 더욱 거세고 맹렬하다. 데이터센터는 수백만 개의 반도체가 모여 운영되는 곳이다. 센터에서 내뿜는 어마어마한 양의 열을 식히려면 엄청난 양의 전기가 또 필요할 것이다. 기술발전 없이 현재의 반도체를 그대로 사용하려면 천 단위 숫자의 원자력발전소가 추가로 건설되어야 한다니 끔찍한 일이 아닐 수 없다.

  인터넷 한번 검색할 때마다 발생하는 비용도 적지 않다. 포털사이트 사가 광고 등으로 벌어들이는 수입으로 대체하고 있어 개인이 비용을 따로 지불하지 않을 뿐이다. 검색할 때마다 비용을 지불한다면 핸드폰 사용률과 전력 소비도 어느 정도 줄지 모른다. 하지만 판도라의 상자는 이미 열리고 말았다. 원시생활로 되돌아가면 모를까 개인이 조금 절약하고 자제하는 정도로는 결코 해결될 일이 아닌 것이다.

  이제 기계 없이는 하루도 살 수 없는 세상이다. 스마트폰 조작이 손이 아닌 눈으로도 가능하고 원하는 정보를 일일이 찾아야 하는 번거로움마저 없어질지 모른다. 쓰지 않으려야 쓰지 않을 수 없고 아끼려야 아낄 수 없는 상황이 반복될 수밖에 없을 것이다.

  인간이 기계를 만들었듯 기계로 인한 부작용을 극복하는 것 역시 인간 몫이라던 긍정의 시대는 이제 끝난 듯하다. 손안의 세상이 재앙이 될지 축복이 될지 그것이 정녕 우리 손에 달렸기만을 간절히 바라고 바랄 뿐이다.

목련꽃 편지

 손자를 만나기 위해 서둘러 집을 나선다. 부랴부랴 어린이집 앞에 당도하니 딸이 먼저 와 아이가 나오기를 기다리고 있다. 안부를 건네려는 순간 어린이집 문이 열리며 샛별 같은 아이가 눈에 가득 들어온다. 딸은 본체만체 외면하고 두 팔 벌려 손자에게 달려간다. 아이도 할머니를 발견하고는 깡충깡충 뛰어와 덥석 품에 안긴다.
 "할머니 나랑 노올자~"
 다섯 살이라지만 만 나이로는 이제 겨우 삼 년 육 개월. 태어나 줄곧 역병 시대를 살고 있는 불운한 세대다. 오늘 어린이집 등원도 얼마 만인지 모른다. 친구들과 한창 뛰어놀며 사회성을 키워야 할 때 허구한 날 비좁은 아파트에 갇혀 제 엄마와 단둘이 아옹다옹하니 안타깝기만 하다. 밖에 나가면 전염병 옮을까 근심이고 집 안에만 있으면 혹여 소극적인 아이로 자랄까 걱정이다. 고사리 같은 아이 손을 꼭 잡고 놀이터로 향한다.

놀이터는 어린이집과는 또 다른 어울림의 공간이다. 또래 외에도 형이나 누나, 동생들을 만나 다양하고 원만한 관계를 스스로 터득할 수 있는 곳. 하지만 아이들조차 바쁘게 돌아가는 대도시인 데다 팬데믹까지 겹쳐서일까. 손자네 아파트 놀이터는 올 때마다 한적하다. 그늘일 때는 더욱 을씨년스럽다. 그런 환경에 익숙한 아이를 보는 게 더욱 서글프고 마음 아프다. 할머니라도 있어 신이 난다는 듯 아이는 어느새 그네에 매달려 더 세게 밀어달라고 다그친다.

놀이기구를 얼추 다 돈 듯하다. 손자의 넘치는 에너지도 다독일 겸 인제 그만 꽃 구경 가자고 유혹한다. 아이는 나무나 풀, 꽃들을 죄 '꽃' 하나로 통칭한다. 아장아장 걷기 시작했을 때 동물원에 데리고 갔다. 기린이나 사자를 보며 신기해할 모습을 잔뜩 기대했는데 아이는 '꽃꽃' 하며 자꾸 화단 쪽으로만 내달렸다. 지금도 동물보다 식물을 더 좋아

하는 것을 보면 그 걸음이 우연은 아니었던 것 같다.

 꽃이라는 말에 손자가 솔깃한다. 우리는 연인처럼 잡은 손을 흔들며 놀이터를 벗어난다. 햇볕 바른 화단을 찾아 건물 모퉁이를 도는 순간 아이 입에서 '우와~' 하고 탄성이 터진다. 때맞춰 나비인 듯 버선인 듯 가지마다 하얀 꽃 가득 실어놓은 목련 한 그루. 눈이 부시다. 키 작은 아이가 손이 꽃에 닿지 않는다고 발을 동동 구른다. 꽃잎을 떼지 말고 바라만 보라며 안아 올리니 눈이 반짝거린다. 아름다움을 아는 사람은 꽃보다 아름답다. 순연한 아이 마음이 어느새 나무에 가닿았을까. 화답하듯 목련 꽃 한 장 하르르 땅에 떨어진다.

 손자가 꽃잎을 얼른 주워 할머니 손바닥에 올려놓는다. 둥그런 꽃잎 선이 곱고 매끄럽다. 흠 하나 없는 뽀얀 이파리에 또박또박 써 내려간 목련꽃 편지 한 장. 나무의 전언이 궁금하다는 듯 아이가 티 없이 말간 눈을 멀뚱거리며 할머니를 올려다본다. 맘껏 뛰놀지 못해 몸과 마음이 훌쩍 자라지 못하는 아이. 일생 앉은 자리에서 삶을 완성하는 나무의 목소리가 나긋나긋 아이에게 속삭이는 듯하다.

"아가야 안녕! 일평생 한자리에 홀로 서 있어도 구름과 햇빛 친구가 있어 나는 외롭지 않단다. 네게도 햇빛과 구름 같은 엄마 아빠가 있으니 큰 축복 아니겠니. 내가 서 있는 자리가 저 모퉁이 그늘이었다면 아마 나는 아직도 꽃을 피우지 못했을 거야. 하지만 춥고 외로운 시간을 묵묵히 참고 견디면 너도 언젠가는 나처럼 꽃망울을 활짝 터트리겠지. 외로움이 깊을수록 꽃은 더욱 단단하고 찬란하단다. 나무를 좋아하면 나무를 닮는다지. 생명력 강한 나무처럼 너도 꼭 건강하고 우람한 아이로 자라 맑고 영롱한 꽃 가득 피우렴."

목련은 꿀샘이 없는 대신 향을 멀리 퍼트려 꽃가루를 먹는 벌레들을 유인한다. 아이도 자연의 순리를 하나씩 깨우쳐 늦으면 늦은 대로 더욱 단단하고 야물게 성장하지 않을까. 양지든 음지든 홀로 계절을 견디기는 마찬가지다. 양지라고 따뜻한 것만도 아니고 그늘이라고 춥고 외롭지만도 않을 테다. 고통의 시간을 꿋꿋이 참고 견디면 언젠가는 따뜻하고 눈부신 봄이 가슴 한가득 찾아오지 않을까.

나무와 아이는 채움과 비움을 반복하며 둥치가 굵어지고 초록은 더욱 짙어지리라.

  집에 돌아온 손자가 꽃잎을 찾는다. 할머니 바지 주머니에 넣어둔 것을 용케 잊지 않았다. 아이가 시든 꽃잎을 받아 책상 위에 얹어 놓으며 소리친다. "아무도 만지지 마~!" 목소리가 우렁차다.

| 평설 |

윤미향론

허숙영 수필가

| 평설 |

윤미향론

허숙영 수필가

들어가며

  윤미향 수필가가 첫 수필집 《몽돌의 시간》를 상재한다. 등단한 지 이십여 년만이다. 수필집을 몇 권이나 내고도 남을 세월이지만 책을 내는 것에 별다른 의미를 두지 않았다. 책도 한 권 내지 않고 무슨 문인이냐며 책 빚을 갚으라고 옆에서 아무리 부추겨도 끄떡도 하지 않던 터이다.
  우리는 '자유기고가협회'에서 회원을 모집할 때 만났다. 그곳에는 스스로 글을 좀 쓴다는 사람이 모였다. 글 쓰는 법을 배워 행여 돈벌이에 도움이 될까 하고 나도 참여했다. 그러나 얼마 못 가 협회는 와해되고 글을 쓰고자 하는 사람 몇만 남았다.

　남은 사람들끼리 뭉쳐 여행도 다니며 새로운 시도를 하던 중 정목일 선생님의 수필 교실에 다니게 되었다. 그 세월이 벌써 삼십여 년이 훌쩍 넘었다. 그런 인연으로 이 글을 쓰게 되었다. 좀 더 명망 높은 분의 서평을 부탁했으면 하는 바람이지만 그럴 사람이 아니라는 걸 알기에 거절할 수가 없었다. 글이 써지지 않아 만나기만 하면 그만두어야 겠다고 하면서도 여태껏 우리는 펜을 놓지 못하고 있다. 수필을 쓰지 않으면 딱히 할 게 없는 사람들이다. 문인들의 모임에 나가고, 읽고 쓴 글을 공유하기 위해 계속 발걸음을 한다. 그러니 수필이 없으면 못살 사람이다.

　수필은 왜 쓰는가. 원론적인 질문을 또 해본다. 수필은 체험의 문학이며 살아가는데 필요한 의미를 찾는 것이다. 수필 쓰기란 풍화되어 가는 시간과 공간을 지나면서 자신의 인생관, 세계관이 혼잣말로 탄식하듯 절로 흘러나오는 것 아닐까. 도저히 쓰지 않고는 못 배기는 삶을 영위하는 끄나풀 같은 것이다. 힘든 일을 경험하지 않은 사람들에게서 소재 거리 찾기가 힘들다는 말을 많이 듣는 것은 그래서일 것이다.

　윤 작가의 작품은 꾸밈이 없다. 단아한 품성과 닮았다.

일상생활에서 삶을 발견하고 성찰하는 여정은 타 수필가들과 비슷하지만 그녀의 글은 논리정연한 원숙미가 있다. 이런 글은 쉽게 읽혀 쉽게 쓰일 거라 여기지만 결코 그렇지 않다. 그 속에서 합리적 사유와 독창적 문체를 고수하려면 오히려 훨씬 어렵다. 달관한 인생관과 남다른 사유가 있어야 나올 수 있는 글이다.

그의 수필이 돋보이는 것은 세련된 언어 조탁, 절제된 감정, 논리 수필의 완성에 있다. 보통 문학적 글쓰기라 하면 치렁치렁한 수사를 생각한다. 논리보다는 알아듣지도 못하는 아름다운 문장만을 생각하는 경우가 많다. 그에 비해 윤 작가의 글은 단순 명료하면서도 생각을 많이 하게 만든다. 그것은 오래 연마해온 결과이기도 하지만 작가의 단정하면서도 남에게 해를 끼치지 않으려는 생활 모습에 있다. 그의 수필을 대별해 본다.

1. 소소한 일상에서 발견하는 의미 있는 삶의 지혜

① 얼마나 버려야 점 여섯 개로 남을 수 있을까. 내 기억 속 어느 시간을 뒤져봐도 변변한 대목 하나 보이지 않는다. 모두 군더더기뿐이다. 작정하고 지우려 들면 눈곱만

한 의미조차 남지 않을 허세뿐인 문장들, 꼬깃꼬깃 구겨서 죄다 쓰레기통에 던져 버리고 싶다.

  입을 다물어야 할 때 말을 하고 말이 필요할 때 입을 다물었다. 주제넘게 끼어들고 경솔하게 참견하고 의미도 없는 말을 수없이 주절거렸다. 어설프게 줄이고 생략해서 엉망으로 만든 문장은 또 얼마나 많은가. 어리석게 말줄임표 흉내나 내면서 마치 그것이 온전한 문장인 듯 착각했다. 삶이든 글이든 다듬는 연습부터 다시 시작해야겠다.
  버려서 더 많은 뜻을 얻은 침묵의 문장부호 말줄임표를 닮고 싶다.

─〈말줄임표〉 중

  ② '짓다'라는 표현은 간절한 바람이나 정성을 들일 때 사용된다. '밥을 짓다. 옷을 짓다. 집을 짓다. 농사를 짓다…' 반대로 쌓은 것을 도리어 허물어트리는 '죄를 짓다. 업을 짓다.'도 있다. 어떤 밥을 지을 것인가 하는 문제는 결국 복 짓는 인생을 살 것인가. 아니면 복을 허물어트리는 인생을 살 것인가로 귀결되는 듯하다.

─〈밥 짓기〉 중

③ 글자 '길'을 읽으면 길이 보인다.

ㄱ길은 곧게 직진하다가 중간 지점에서 과감하게 경로가 바뀐 길. 사람들을 따라 부지런히 앞만 보고 걷다가 갑자기 훤하게 뚫려 있는 옆길을 발견하고 홀로 우회한 듯한 흥미로운 길이다. 변화를 통해 좀 더 나은 삶이나 새로운 삶을 추구할 때 걷고 싶은 길 아닐까.

ㅣ길은 우회 없는 직진 인생이다. 많은 사람들이 가고 있거나 또 가고 싶은 평범하고 무난한 길이다. 말끔하고 시원해서 얼핏 쉬워 보이지만 의지 없이는 갈 수 없는 인내의 길이기도 하나

ㄹ길은 갈팡질팡하는 내 마음 길이다. 멈추어 있으면 불안해서 떠나야 하고 떠나면 또 아쉬워 뒤돌아본다.

―〈길〉 중

④ 지금은 발매트인 것이 싫지 않습니다. 자신의 가치가 놓인 위치만으로 평가되지 않는다는 사실을 뒤늦게 깨달았으니까요. 위를 올려다보며 아무리 몸부림쳐도 발매트가 수건이 되는 기적은 일어나지 않을 겁니다. 주름투성

이 거친 발바닥으로 종일 세상과 씨름하다 보면 발의 인생도 나만큼이나 힘들고 고달프겠다는 생각이 듭니다. 가장 낮은 곳에 죽은 듯이 납작 엎드려 지치고 피곤한 발들에게 조금이나마 위로를 줄 수 있으니 이보다 뿌듯한 일이 또 있겠는지요. 나를 필요로 하고 내 가치를 알아준다면 발매트라도 전혀 부끄러울 일이 아닌 거지요.

—〈발매트 이야기〉 중

 작가는 베란다에서 거실, 현관, 방으로 집 구석구석을 순례하듯 돌며 글감을 찾는다. 부엌에서 밥을 지을 때, 밥 안에 든 강낭콩에서, 심지어 화장실 앞에 사시사철 엎드려 지친 발을 받아 안는 발매트에게도 눈길을 주는 그녀의 모습이 진정한 글쟁이의 자세가 아닐까 싶다.

 ①은 문장부호 말줄임표에 대한 사유다. 문장 일부를 생략하거나 말 없음을 나타낼 때 쓰는 문장부호가 딱 끊고 돌아서지 않아 매정하지 않고 여운을 남기면서도 오히려 더 많은 생각을 하게 만든다고 한다.

 ②는 고슬고슬한 밥 짓기에 일념을 다하는 친정어머니, 진밥 짓기에 집착하는 시어머니, 두 어머니가 짓는 밥은 기능문제가 아니라 자식의 건강을 오롯이 생각하는 기도

의 염원을 담았다는 걸 깨닫는다.

③은 '길'을 초·중·종성으로 깨트려서 인생길과 비교하고 삶에 대한 수용 자세를 배운다. 어떻게 그런 생각을 했을까. 인생이란 직진만 있는 것도 아니고 우회를 하기도 한다. 또 빙 둘러서 되돌아서기도 하고 잠시 갈팡질팡할 때도 있다.

④ 가장 낮은 곳에 갇혀 종일 세상과 씨름하며 옮겨 다닌 발, 그 발을 또한 가장 낮은 곳에 엎드린 발 매트가 감싸 안아 주듯 사람도 그럴 것이다. 높고 낮은 자리에 따라 가치가 평가되는 것이 아니라 얼마나 진심을 다해 삶을 대하는가에 달린 게 아닐까. 자신의 위치에서 피곤하고 지친 이들을 위로할 수 있다면 최선의 삶일 것이다.

소소한 일상에서 삶의 지혜를 배우는 그녀가 특별해 보인다.

2. 결핍과 상처로 인해 더 단단해진 삶

자칫하면 삶을 엉뚱한 방향으로 이끌 수 있는 어린 시절의 핍진한 삶의 편린을 글로써 풀어 놓는 것만으로도 자존심과 상처가 치유돼 한결 마음이 가벼워진다. 그녀의 짧은

글 속에 가족사가 훤히 보인다. 아픈 가족사는 오히려 단단한 삶을 견인하는 중요한 근간이 되었다는 생각이 든다. 곁에서 오랫동안 지켜본 그녀는 한 치의 흐트러짐도 없다. 남에게 쉽게 동화되지도 않지만 갚을 수 없는 베풂이나 친절은 오히려 거부하는 편이다.

① 리어카 한 대가 대문 앞에 멈춘다. 마침내 그날이다. 엄마는 말없이 가마솥과 맷돌을 싣는다. 독한 빚쟁이들도 쇠붙이 들어내는 것을 선뜻 막아서지 못한다. 일가족의 목숨이 가마솥과 맷돌 하나에 달렸기 때문이다. 낡은 이불과 옷가지를 간추리던 엄마가 보따리 하나를 얼른 이불 속에 숨긴다. 아버지의 검정색 겨울 외투다.

불과 서너 달 사이였다. 막내가 알 수 없는 병으로 자리에 눕고 삶의 끈마저 서둘러 놓은 것은. 아버지의 사업 실패로 하루가 멀다 하고 빚쟁이들이 몰려와 우리 집은 이미 지옥이나 다름없었다. 불행이 그리 쉽게 겹쳐 일어날 줄 꿈엔들 짐작이나 했을까. 한꺼번에 몰아닥친 폭풍을 견디지 못하고 아버지는 끝내 무릎을 꿇고 말았다.

외투는 삼 년 뒤 아버지가 돌아올 때까지 비좁은 방 한편에 고이 모셔져 있었다. 엄마가 그 옷을 챙기지 않았다면 그래서 아버지가 돌아와 고통과 절망의 시간을 보상해 주리라는 희망을 품지 않았다면 나는 결코 춥고 어두운 터널을 쉽게 빠져나오지 못했을 것이다. 엄마의 고단함이 눈에 밟힐 때마다 강둑에 앉아 하염없이 아버지를 기다리던 어린 소녀를 기억한다. 아버지의 까만 겨울 외투를 생각한다.

―〈아버지의 외투〉 중

② 아버지 일디에는 질러 나간 쇳소삭들이 넝마처럼 이리저리 나뒹굴고 있었다. 혹여 쓸 만한 물건이라도 있을까 지날 때마다 툭툭 발길질을 하며 매의 눈으로 뒤적거리곤 했다. 어느 날 고물 틈에서 유난히 반짝거리는 자물쇠 하나를 발견했다. 열쇠를 잃어 어른들에게는 쓸모없는 것이지만 내 눈에는 귀한 보배 같아 얼른 주워 바지 주머니에 집어넣었다.

―〈쇳대를 찾아서〉 중

③ 가세가 기울어 몹시 춥고 막막하던 시절 오빠들 따뜻

한 보살핌이 없었다면 나는 결코 무섭고 어두운 터널을 쉽게 빠져나오지 못했으리라. 그때가 다시 온다 해도 변함없이 내 손을 놓지 않을 오빠가 셋이나 있어 나는 더 할 수 없이 든든하고 행복하다.

—〈오빠〉 중

④ 오빠들이 겨우 가는 차비만 마련해 작은아버지 댁에 학비를 얻으러 가고 없을 때였다. 엄마는 신문지국에 가서 오빠들 몫의 신문을 받아와 나와 동생에게 절반씩 건네었다. 절반이라 해도 초등학교 이 학년 사 학년에겐 버거운 무게였다.

시름없이 아궁이만 들여다보고 있는데 꿈처럼 담임 선생님이 부엌문 앞에 서서 나를 부른다. 엊그제 보았던 반 친구도 함께 있다. 결석한다고 혼나는 것보다 누추한 집 들키는 게 죽기보다 싫었다. 얼떨결에 반대편 문으로 도망쳐 까마중밭으로 숨는다. 머리를 아무리 숙여도 듬성듬성한 이파리 사이로 보이는 것 같아 가슴이 콩닥거린다. 못생긴 까마중만 무성하다고 툴툴거린 게 언제인데 더 우거지지 않은 것이 안타까워 침이 마른다. 까마중 키가 조금만 더 컸으면 하는 마음 간절할 때 선생님이 보이지 않는 척 허공을 향해 소리친다.

"무슨 일이 있어도 학교는 꼭 다녀야 한다!"

─〈까마중〉 중

①에서 불행은 항상 한꺼번에 들이닥친다는 것을 알 수 있다. 어린 막냇동생은 아버지의 사업 실패를 알았을까. 딱 열흘 막내 곁에 누워 있던 아버지가 홀연히 사라지자 막내는 서둘러 삶의 끈을 놓아버린다. 이토록 잔인한 일이 또 있을까. 기둥과 서까래가 한꺼번에 풀썩 내려앉은 것이다. 그렇지만 아버지를 원망하거나 탓하지 않는다. 어머니는 남은 자식들을 위해 두부를 만들고 작가는 어머니가 숨겨온 아버지의 흔적인 외투를 보며 그나마 아버지가 돌아오기를 기다린다.

②는 쇳대박물관에서 본 자물쇠를 보며 유년 시절을 떠올린다. 아버지의 일터에서 주운 자물통에 나뭇가지를 넣어보며 열리기를 기다리는 어린 소녀가 떠오른다. 깊은 골방에 유폐되다시피 한 외롭고 갑갑한 시절을 견뎌내게 한 놀이였다. 지금은 넓은 세상 마음대로 할 수 있지만 밖으로 나돌지 않고 집에서만 맴도는 작가를 이해할 수도 있을

것 같다.

③ 오빠가 있다는 것은 얼마나 든든한 일인가. 힘들 때 위로가 되고, 몸이 축난 것을 먼저 알아채고 걱정해주는 오빠가 있다는 것만으로도 부자 아닌가.

④는 겨우 입치레나 하는 집안 형편에 학교에도 가지 못하고 있을 때 담임 선생님이 찾아온다. 열한 살 사춘기 소녀는 그 어떤 것보다 누추한 형편을 보이는 것이 부끄러워 까마중밭으로 뛰어든다. 까마중의 푸른 잎사귀들이 부끄러움을 가려주기를 바라며. 그 마음이 어땠을지 짐작이 간다.

과거의 결핍과 아픈 상처를 딛고 일어선 경험은 현재 삶의 자양분이 되어 어떤 힘겨움도 밀쳐내게 되었다. 어쩌면 그런 세월을 견뎌왔기에 더 단단하고 빈틈없는 사회인으로 자리매김하고 있는지도 모른다.

3. 자아 성찰 혹은 갖추어야 할 윤리

① 무딤은 과정이다, 망설임이다. 자신의 무능을 알기에 앞으로 나가는 것을 주저한다. 자르는 것도 문제지만 어떻게 자르는가는 더 복잡한 과제일 것이다. 혹여 감자 살

을 낭비하지 않을까. 껍질이 들쑥날쑥 고르지 못하면 어쩌나. 주제넘게 능력 밖의 일을 탐내는 것은 아닌지. 하지만 무딤에 길들면 자신이 멈춰 있다는 사실을 깨닫지 못한다. 무뎌도 칼은 칼이고 베는 게 운명이다. 앞으로 나가지 않으면 썩은 감자 한 알도 끝내 도려내지 못할 것이다.

미련하게 높이 오르는 것만이 최선인 줄 알았다. 중간을 향해 위에서는 아래로 내려가고 아래에서는 위로 오를 수도 있음을 깨닫는다. 어쩌면 정상에 닿기보다 중간 지점을 찾는 게 더 어려울지 모른다. 지나치거나 모자라지 않기가 말처럼 쉽지 않은 것이다. 똑같이 출발했는데 칼은 곧 도착하겠고 나는 아직 갈 길이 멀다. 안타깝게도 칼의 시간과 나의 시간이 다르게 흐르고 있다.

—〈감자칼〉 중

② 마음이 감옥이라 했던가. 달라져야지 하면서도 뒤돌아보면 어느새 일 년, 십 년이 훌쩍 지나 여전히 그 자리다. 평생 불안해하면서도 이 나이가 되도록 갱생하지 못했으니 말문이 막히지 않으면 오히려 이상하다. 남은 시간도 울타리 없는 옥에 갇혀 후회 가득한 삶을 살 게 뻔하다. 맞

다. 내가 생각해도 지은 죄 가볍지 않은 나는 죄인이다.

─〈나태지옥〉 중

③ 아직도 화해의 방법을 모색하기보다 가시를 세우는 쪽이 익숙하다. 점점 더 넓어지고 있는 황량한 나의 사막에도 촉촉한 단비 스며들 오아시스가 필요하다. 그곳에서 조금씩 날이 무뎌지고 벽을 허물고 있는 나를 발견하고 싶다. 우리 더는 황량한 사막을 넓히지 말자고 길 끝에 서서 다시 한번 낙타풀을 돌아본다.

─〈낙타풀〉 중

④ 중간에 끼어 어느 쪽에도 속하지 않는 외로운 존재가 둘째인 줄 알았다. 하지만 양쪽으로 기댈 수 있어 오히려 든든하고 위아래를 두루 아우를 수 있으니 더없이 소중한 자리가 둘째임을 깨닫는다. 차고 넘치는가 하면 부족한 사람도 있고 같은 사람일지라도 때론 넘치고 때론 부족하다. 힘들 때는 남에게 기대기도 하고 좁은 어깨나마 선뜻 내어 줄 수 있는 둘째 같지 않은 둘째를 소망해 본다.

─〈둘째 딸〉 중

①은 감자칼로 감자를 깎으며 무딤과 날카로움이 공존해야 껍질이 얇고 고르게 깎인다는 것을 깨닫는다. 무딤은 날카로움의 오만을 다스리고 날카로움은 무딤의 서툶을 격려한다. 따라서 재주가 높으면 자만하기 쉽고 겸손이 지나치면 안주하기 쉬운 자신의 생활 태도를 경계한다.

②는 영화 〈신과 함께〉를 보면서 자신의 나태함을 고백한다. 방만하게 살아온 자신을 구속하지 않고서는 무위도식과 태만을 단속하기 쉽지 않아 차라리 영어의 몸이 되기를 원한 적도 있지만 그렇지 않다. 두 아이를 잘 키워냈고 남편 뒷바라지도 야무지게 하고 있다. 이제 치열하게 살아야 할 니이도 비켜나지 않았는가.

③은 고비사막의 모래바람 속에 가시를 세우고 있는 낙타풀을 보며 메마른 땅에 뿌리내리기 위해 애쓴 자신을 대입시킨다. 험한 세상에서 믿을 수 있는 사람은 자신뿐이라며 보이지 않는 가시를 남몰래 품어 왔다는 것을 깨닫는다. 고향과 가족을 먼 곳에 두고 홀로 마산에 뿌리를 내려야 했으니 그럴 만도 하다.

4. 예술에서 얻는 즐거움

① 현대미술은 전통에 대한 거부와 창조적인 실험정신을 바탕으로 한다. 미의 추구라기보다 새로움의 발견인 것이다. 팝아트의 등장 역시 파괴적이고 혁신적이다. 예술의 대상이나 주체, 의미, 표현 방법 등 다양한 방면에서 과거를 거부하고 새로움에 몰두했다.

앤디 워홀은 자신의 작업실을 공장이라고 부르며 그림을 상품처럼 찍어낸 화가로 유명하다. 작가의 독창성이나 개성, 감정 따위는 무시한 채 철저하게 작업 지시서에 따라 그림을 제품처럼 대량 생산했다. (…중략…) 그는 무감각하고 반복적인 현대인의 모습을 섬뜩하리만큼 잘 반영하고 있어 소름 돋는다.

―〈팝아트를 보고〉 중

② 우연한 기회에 그림 두 점을 갖게 되었다. (…중략…)
첫 번째 그림에는 기와집 한 채와 나무 두 그루가 삽화처럼 그려져 있다. (…중략…) 두 번째 그림에는 커다란 물고기 한 마리가 꽃밭 위를 헤엄치고 있다. 물고기는 그림 위쪽을 모두 차지할 만큼 거대하다. 그리고 온통 빨간색

이다.

  두 점 그림은 소박한 꿈과 열정이 혼재된 내 두 마음이다. 우리 집에서 가장 잘 보이는 거실 벽에 나란히 세워놓고 앉아서도 서서도 본다. (…중략…) 마음 무게가 어느 한쪽으로 기울어지지 않도록 내 마음을 들여다보듯 보고 또 본다.

―〈그림 두 점〉 중

  ③ 그림의 3분의 2를 차지하고 있는 것은 어느 상점의 투명한 유리 통창이다. 나머지는 어둠이 채 걷히지 않은 진녹색 숲이 전부다. 작가는 정면을 약간 비켜서서 상점과 숲을 비스듬히 클로즈업하고 있다. 진열장 안에 걸려 있는 우드 벽시계가 포인트일까. 크지 않은 소품이 어디서든 화폭의 중심 자리다. 아침 햇살을 받아 흰 벽에 옅은 그림자를 길게 드리우고 시곗바늘은 일곱 시를 가리키고 있다.

  다른 그림 놔두고 하필 〈오전 일곱 시〉에 꽂힌 까닭도 그 때문이다. 형태나 빛에 대한 피상적이고 일반적인 감상과는 다른 묵직한 존재감이 그림을 보자마자 압도했다. 형상이 들어온 뒤 심상이 생긴 게 아니라 알 수 없는 느낌에 먼저 사로잡힌 뒤 이어 형태가 눈에 들어온 것이다. 마치 호퍼의 영혼이 그림 속에 깃들어 있다가 지나는 나를 덥석 붙잡아 세운 것 같아 소름마저 돋는다.

—⟨오전 일곱 시⟩ 중

①은 앤디 워홀의 팝아트를 보고 쓴 글이다. 팝아트는 사회적 상황을 충실하게 반영해 생활 속의 날것 그대로 예술세계에 들여놓는다. 전문가와 훈련받지 않은 감상자들까지 모두 이해할 수 있다는 비차별적 미술이라는 평가를 받지만 상품처럼 대량으로 찍어내는 그것이 진정한 예술인가에 의문을 품는다.

②는 집을 갖는 게 소원이었던 그녀는 아담한 기와집 그림을 보며 상상 속에서 다락방도 만들고 자기 방도 만든다. 그러면 들끓던 마음이 차분히 가라앉는 것이다. 또 하나의 그림 빨간 물고기를 보며 작고 볼품없었던 어린것이 강한 척해서 자신도 모르게 새빨간 기형이 된 것이 아닐까 상상한다. 꼭 자신의 모습을 보는 것처럼. 그리고는 실패를 두려워하지 말고 용기 있게 앞으로 나가고 싶은 욕구를 느낀다.

③은 에드워드 호퍼의 그림을 감상하고 쓴 글이다. 윤 작가는 서양미술사를 공부한 지 십여 년이 넘었다. 그래서일까. 그림을 감상하는 방법도 남다르다. 색채나 형태, 화풍을 보는 것이 아니라 제목에 눈이 가다니. 대공황을 겪고 난 미국이 2차 세계 대전 이후 빠른 경제 성장을 할 당시에 활동했던 호퍼다. 화려하게 변하는 현대화에 밀린 뒷골목의 풍경에 화폭을 맞추었던 그의 그림 속 일곱 시는 무엇을 뜻할까를 진지하게 생각해 보게 만든다. 여명에 갇히거나 꺼진 듯 꺼지지 않은 희미한 전등불이 겨우 불을 밝히는 시간이다. 낮과 밤이 혹은 밤과 낮이 뒤바뀌는 시간이며 경계의 시간이기도 하나. 불안과 고독의 빛이 아닐 수 없다.

나가면서

  윤미향 작가의 기저 의식에는 굴곡진 성장사가 있고 둘째 딸이라는 어정쩡한 위치 영향도 깔려 있다. 자신을 쉽게 드러내지 않으며 철저한 윤리의식으로 무장하고 있다는 것이 그 반증이다.

글을 읽고 있으면 그녀만의 시공간이 눈에 훤히 보인다. 그녀의 행동반경은 넓지 않다. 앉은 자리에서 눈만 돌려도 소재는 널려 있다. 소소한 일상에서 자연스럽게 소재를 캐내고 주제를 도출해 낸다. 그녀는 레이더망에 걸려든 소재에 관심을 두고 깊이 사유해서 자신의 세계를 투영한다. 거기서 삶의 의미를 부여하고 성찰한다. 그것은 사물에서 세계를 발견할 만큼 통찰해 내는 능력이 있다는 말이다. 마음을 정화하고 깨닫게 하는 힘이 있다.

냉정하다 할 정도로 수사 차용을 배제해 자칫 딱딱하게 느껴질 수 있지만 허점이라고는 없다. 달리 말하면 수필이라는 개념을 정확하게 이해하고 있다는 뜻이기도 하다.

그녀는 수필로 주변과 소통하고 손을 잡는다. 퇴고를 통해 나아질 수 있다는 희망이라도 품을 수 있는 수필(〈말줄임표〉)을 통해 살아온 날을 돌아보고, 삭막했던 가슴에 조그만 불씨 하나 옮겨 붙이는(〈몽돌의 시간〉) 것도 수필을 통해서다. 그래서 기어이 간단명료하면서도 느낌은 살아 있는 수필을 쓰고 싶다(〈말줄임표〉)는 소망을 이루어 낸다.

정성을 다해 차린 정식 밥상 한 상 같다. 그녀가 앞으로 써 내려갈 수필에 기대가 크다.

경남산문선 101

몽돌의 시간

윤미향 수필집

1쇄 펴낸날 2025년 11월 30일

지은이 윤 미 향
펴낸이 오 하 룡

펴낸곳 도서출판 경남
주 소 창원시 마산합포구 봉고정길 2-1
연락처 (055)245-8818
이메일 gnbook@empas.com
출판등록 제1985-100001호(1985. 5. 6.)
편집팀 오태민 심경애 구도희

ISBN 979-11-6746-209-1-03810

ⓒ윤미향

＊잘못된 책은 바꿔 드립니다.
＊저자와 협의 인지 생략합니다.

값 15,000원